WENDEPUNKT

INTERMEDIATE GERMAN FOR PROFICIENCY

WORKBOOK

**HEIDI BYRNES
STEFAN FINK**

GEORGETOWN UNIVERSITY

Heinle & Heinle Publishers, Inc.
Boston, Massachusetts 02116 U.S.A.

Copyright (c) 1987 by Heinle & Heinle Publishers, Inc.
All rights reserved. No part of this publication may be
reproduced or transmitted in any form or by any means,
electronic or mechanical, including photocopy, recording
or any information storage and retrieval system, without
permission in writing from the publisher. Manufactured
in the United States of America.

ISBN 0-8384-1442-7

10 9 8 7 6 5 4 3 2

TABLE OF CONTENTS

CHAPTER 1	Hörverständnis 1	2
	Zum Selbststudium	3
	Hörverständnis 2	8
	Zum Leseverständnis	17
	"Pro Kleinstadt - Pro Großstadt"	18
	Vokabeln Prechapter	21
	Vokabeln Chapter 1	22
CHAPTER 2	Hörverständnis 1	26
	Zum Selbststudium	31
	Hörverständnis 2	40
	Zum Leseverständnis	44
	Hörverständnis 3	47
	"Sleeping Beauty"	51
	Vokabeln Chapter 2	55
CHAPTER 3	Hörverständnis 1	60
	Zum Selbststudium	61
	Hörverständnis 2	65
	Hörverständnis 3	69
	Zum Leseverständnis	70
	Vokabeln Chapter 3	81
CHAPTER 4	Hörverständnis 1	88
	Zum Selbststudium	90
	Hörverständnis 2	94
	Zum Leseverständnis und Schreiben	100
	Zum Leseverständnis	101
	Vokabeln Chapter 4	106
CHAPTER 5	Hörverständnis 1,1	112
	Hörverständnis 1,2	121
	Zum Leseverständnis	125
	Vokabeln Chapter 5	130
CHAPTER 6	Hörverständnis 1	134
	Zum Selbststudium	134
	Hörverständnis 2	139
	Hörverständnis 3	140
	Vokabeln Chapter 6	144

CHAPTER 7	Hörverständnis 1	148
	Zum Selbststudium	149
	Zum Leseverständnis 1	153
	Zum Hörverständnis 2 und zum Leseverständnis	155
	Vokabeln Chapter 7	160
CHAPTER 8	Hörverständnis 1	164
	Zum Selbststudium	165
	Hörverständnis 2	170
	Zum Leseverständnis 1	174
	Zum Leseverständnis 2	177
	Zum Hörverständnis 1	179
	Zum Hörverständnis 2	180
	Vokabeln Chapter 8	182
CHAPTER 9	Hörverständnis 1,1	186
	Zum Selbststudium	186
	Hörverständnis 1,2	191
	Zum Leseverständnis 1	193
	Hörverständnis 3	194
	Vokabeln Chapter 9	195
CHAPTER 10	Zum Hörverständnis	200
	Zum Nachdenken und Schreiben	202
	Credits and Permissions	203

▪ WIE & WO ▪
WIR LEBEN

1

HÖRVERSTÄNDNIS 1:   WOHNEN IN DER STADT ODER AUF DEM LAND

1. Hören Sie sich Hörverständnis 1 ein Mal an.

2. Schauen Sie dann noch einmal durch Vokabelmosaik 1 auf Seite 22.

3. Bitte hören Sie sich jetzt den Text ein zweites Mal an, und konzentrieren Sie sich auf die Frage, wo die Sprecher wohnen. Ihre Namen finden Sie unten in der Tabelle. Wenn der Sprecher keine Informationen gibt, machen Sie ein „Fragezeichen" (?) in das Schema.

4. Vielleicht haben Sie auch schon Informationen zu den anderen Fragen gehört. Wenn nicht, spielen Sie die Kassette so oft wie nötig, um die Tabelle fertig auszufüllen.

Name	Wo wohnt er/sie?	Ist er/sie zufrieden? Ja	Nein	Unklar	Was findet er/sie gut Was ist nicht so gut?
Schüler					
Jörg					
Friedrich	?			X	möchte nicht in der Stadt wohnen
Vera					
Studenten					
Beate					sitzt gern draußen auf dem Rasen
Arno	auf dem Dorf				
Petra					
Peter					
Thomas	in einem Vorort von Essen				

- 2 -

ZUM SELBSTSTUDIUM

A. Präsens: Wo Leute wohnen

Insert the proper present tense form of the verb into the sentence. The answers are given in the right margin.

Zur Kontrolle

1. leben   Michael _____ seit langem in einem kleinen Dorf.   **lebt**

2. wohnen   Friedrich und Ute _____ in der Stadt.   **wohnen**

3.   In welchem Stadtteil _____ du?   **wohnst**

4.   Und Sie, Herr Blum? Wo _____ Sie?   **wohnen**

5. leben   Viele Studenten _____ in einem Wohnheim.   **leben**

6.   Petra und Armin, seit wann _____ ihr in Amerika?   **lebt**

7. suchen   Frau Bach _____ im Stadtzentrum eine Einzimmerwohnung mit Balkon.   **sucht**

8. bewohnen   Schumachers _____ ein Eigenheim in einer Kleinstadt in Westfalen.   **bewohnen**

9. ein.richten   Max _____ sein Zimmer mit alten Sachen _____.   **richtet**   **ein**

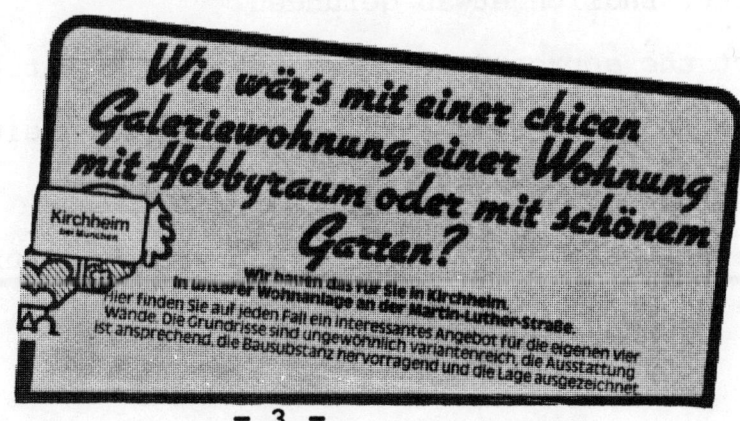

- 3 -

B. Präteritum: So war das vor zwei Jahren

Decide which living situation best suits the need of each person indicated below. Make complete sentences in the past tense by choosing a word or phrase from each column.

	Wer?	**Verb?**	**Was?/Wo?**
BEISPIEL:	Frau Weber (60 J.)	_____	_____
1.	Frau Weber (60 Jahre)	suchen	die Miete monatlich
2.	Herr und Frau Banner (mit zwei Kindern)	bezahlen	ein modernes Einzimmerappartement
3.	Gisela (Studentin)	finden	drei Häuser
4.	Herr Braun (Arzt)	vermieten	eine Dreizimmerwohnung
5.	Die Vermieterin	bezahlen	seine Eigentumswohnung
6.	Manfred (Lehrling)	ein.richten	vom Land in die Stadt
7.	Herr Kohl (Angestellter)	um.ziehen	ein möbliertes Zimmer

BEISPIEL: **Frau Weber suchte ein modernes Einzimmerappartement.**

2. _____

3. _____

4. _____

5. _____

6. _____

7. _____

C. Perfekt: Endlich etwas gefunden

Insert the appropriate forms of the present perfect.

1. **suchen** Zwei Studenten _____ eine Kleinwohnung

   in Uninähe _____ .

2. **lesen** Sie _____ viele Zeitungsinserate

   _____ .

- 4 -

3. **sein**   Die meisten Wohnungen _____ aber zu

   teuer _____ .

4. **finden**   Endlich _____ die zwei eine preisgünstige

   Wohngelegenheit mit Kochnische _____ .

5. **an.schauen** Am nächsten Tag _____ sie diese

   _____ .

6. **gefallen** Die Wohnung war klein, aber sie _____

   ihnen gut _____ .

7. **bezahlen** Sofort _____ sie die Miete für einen

   Monat _____ ,

8. **ein.ziehen** und _____ noch am gleichen Tag

   _____ .

D. Futur: Wo werden diese Leute in einem Jahr wohnen?
   Complete the sentences with verbs in the future tense.

1. **wohnen**   Michael _____ vielleicht im Studentenheim

   _____ . Petra und Armin _____

   sicher nicht mehr bei Frau Schulz _____ .

2. **bewohnen** Dr. Brod _____ eine Villa am

   Stadtrand _____ .

3. **kaufen**   Gisela _____ ein Kleinappartement

   _____ .

4. **um.ziehen** Frau Weber _____ in eine preisgünstigere

   Wohnung _____ .

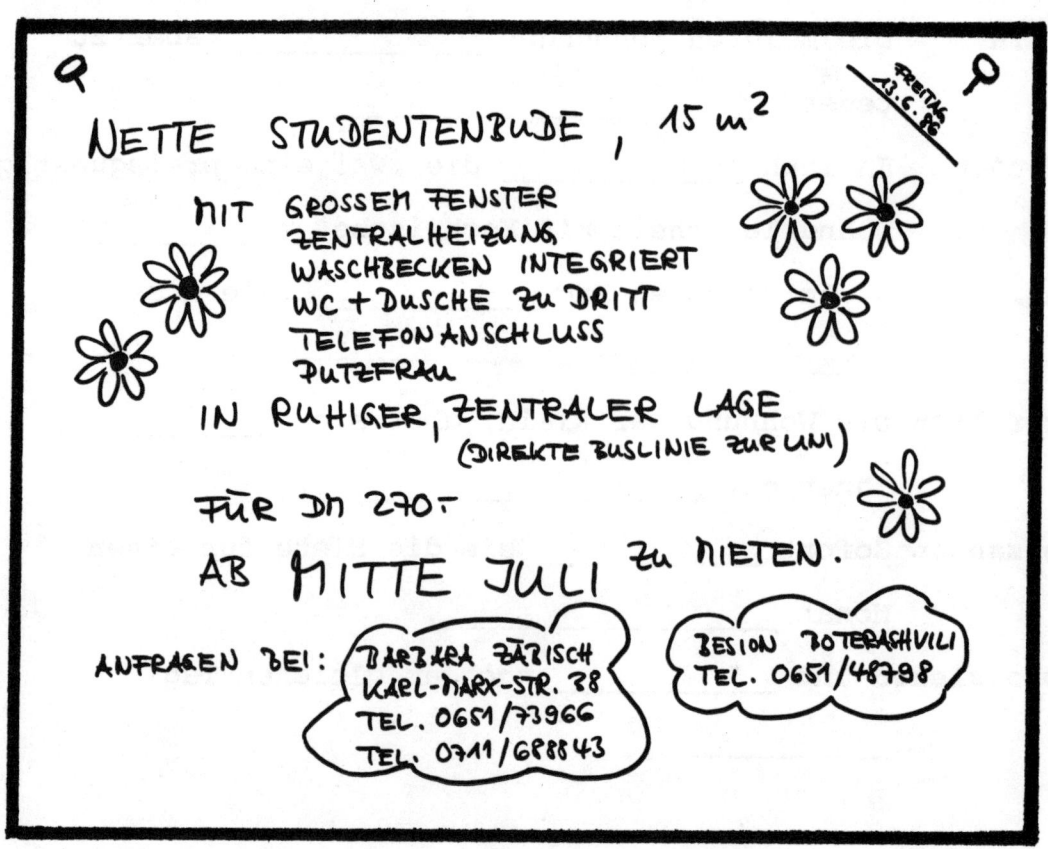

E. Wo Leute wohnen wollen/müssen/können/sollen/dürfen und möchten

Practice the modals and word order by forming sentences out of the fragments given.

BEISPIEL: leben/müssen: Udo/in einem Dorf
Udo muß in einem Dorf leben.

1. wohnen/wollen: Friedrich/direkt in der Stadt

___

2. leben/möchten: Viele Studenten/in einem Studentenheim

___

3. suchen/müssen: Frau Gruber/im Stadtzentrum/eine Kleinwohnung

___

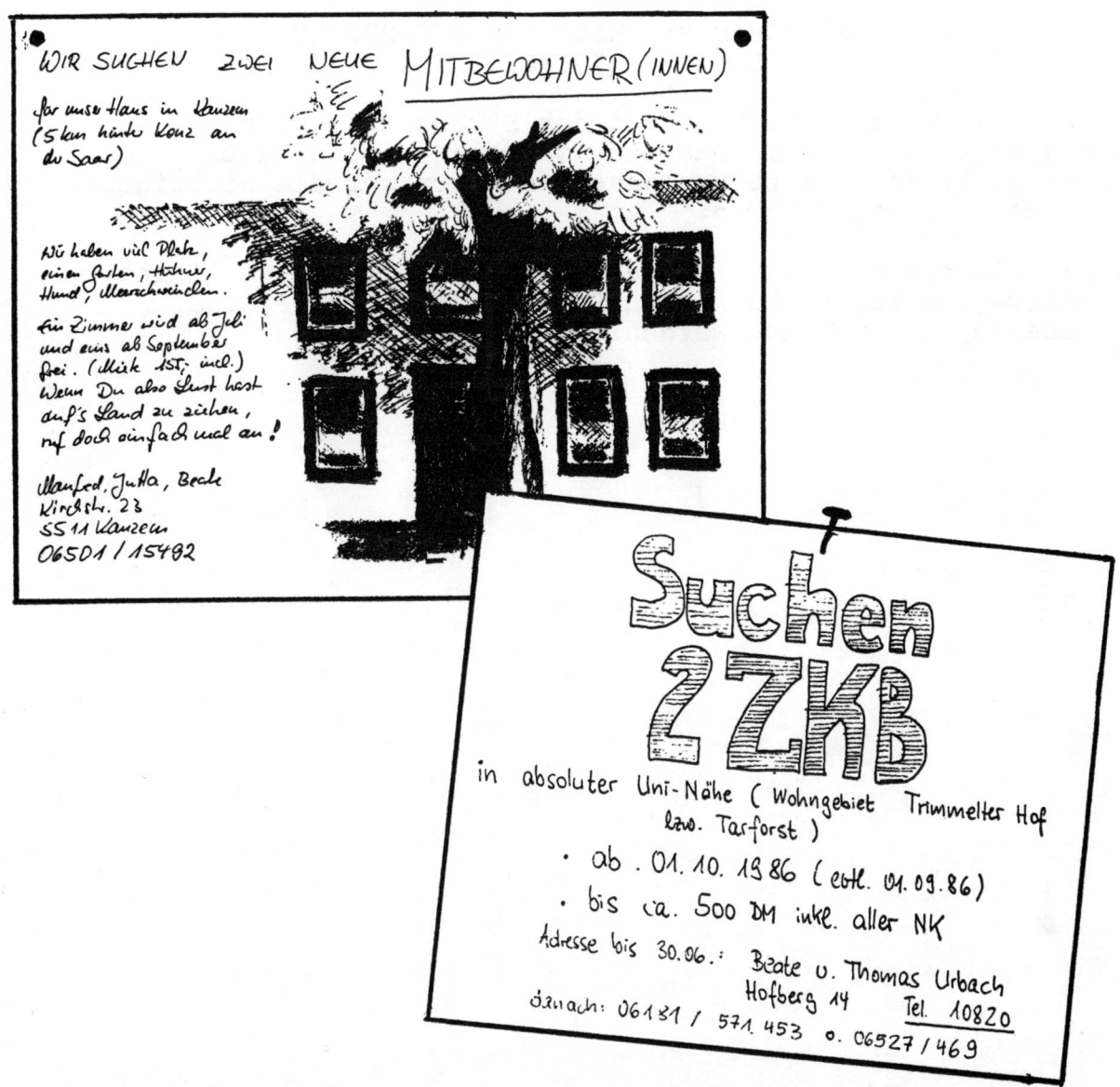

4. ein.richten/können: Max/sein Zimmer/mit alten Sachen

___

5. bezahlen/sollen: Paul/die Telefonrechnung/monatlich

___

6. ein.ziehen/dürfen: Veronika/erst nächsten Monat/in das Appartement

___

HÖRVERSTÄNDNIS 2: NACH DEM WEG FRAGEN UND DEN WEG BESCHREIBEN

Diese Dialoge sind zum Teil auf der Straße aufgenommen. Aus diesem Grund ist die Tonqualität manchmal weniger gut. Sie sollen nicht jedes Wort verstehen, sondern nur die wichtigen Informationen heraushören.

A. Für die ersten drei Dialoge machen Sie bitte eine kleine Skizze des Weges. Markieren Sie auch Straßen, Plätze, Gebäude, die genannt werden.

   1.

   2.

   3.

B. Für Dialog 4 beantworten Sie die Fragen kurz schriftlich.

   1. Was sucht der Junge? _____

   2. Was möchte der Junge dort machen? _____

   3. Was ist der „Kaktus"? _____

   4. Wie kommt man dorthin? _____

   5. Wie erkennt man das Gebäude? _____

   6. Welchen Vorteil hat der „Kaktus"? _____

- 8 -

C. Was sagt man, wenn man nach dem Weg fragen will? Machen Sie aus den Dialogen 5 - 8 bitte eine Liste möglicher Fragen.

D. Sammeln Sie aus allen Dialogen nützliche Ausdrücke, um den Weg zu beschreiben.

BEISPIELE: zweite Straße links, nach fünfzig Metern

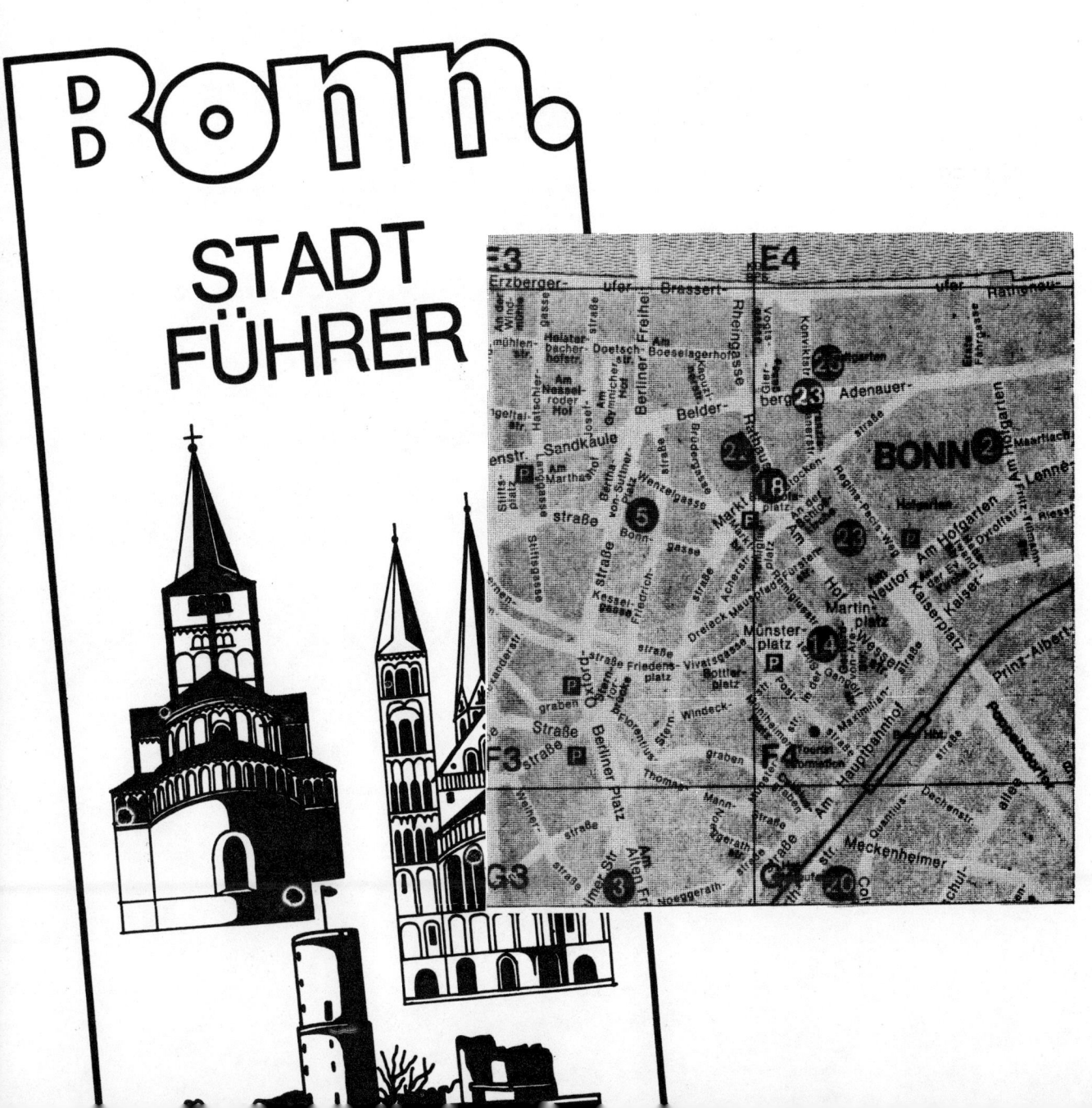

E. Dialoge 9 - 10 (optional)
   Notieren Sie kurz die wichtigsten Informationen zum Weg

   BEISPIEL: mit der U-Bahn fahren, Haltestelle "Bahnhof" nehmen

   VOKABELHILFE: das Bundeshaus = Sitz des Parlaments
                    schiefgehen   = nicht gut gehen
                    aufpassen   = genau zuhören

Dialog 9

Dialog 10

* * * * * * *

Wohnen ist nicht nur ein beliebtes Thema in persönlichen Gesprächen. Es ist auch ein Thema, für das sich die Statistik interessiert. Lesen Sie den folgenden Auszug aus einem Fragebogen, der von einer Gruppe von Soziologen ausgearbeitet und im Raum von Köln verwendet wurde. Das Ziel war, das Wohnerlebnis der Deutschen zu analysieren. Der Fragebogen wurde von einer Frau ausgefüllt, die etwa im Alter Ihrer Eltern ist.

WIE WOHNEN SIE?

Fragebogen:

1. Geschlecht
männlich ( )   weiblich (X)

2. Wie alt sind Sie? _46_ Jahre

3. Sind Sie verheiratet?

ledig ( )   geschieden ( )
verheiratet (X)   getrennt lebend ( )
verwitwet ( )

wenn verheiratet:

3A. Wie viele Jahre sind Sie bereits verheiratet?
_22_ Jahre
3B. Wie alt ist Ihr Ehepartner? _46_ Jahre

4. Haben Sie Kinder?

nein ( )

wenn ja (X)

4A. Wie alt sind Ihre Kinder? _21, 20, 17, 14_

4B. Auf welche Schulen gehen diese, bzw. welchen Beruf üben sie aus?

Alter Jahre	Geschlecht m w	Schule	Berufstätigkeit keine als
1 21	(X) ( )	_Universität_ (X)	
2 20	(X) ( )		( ) _Bankkaufmann_
3 17	(X) ( )	_Gymnasium_ (X)	
14	x	"	x

5. Seit wann wohnen Sie hier?

seit der Geburt ( )   seit _1951_

6. Seit wieviel Jahren wohnen Sie in Ihrer jetzigen Wohnung? _15_ (Zahl der Jahre)

7. Wohnen Sie hier zur Miete, in einer Eigentumswohnung, im eigenen Haus oder zur Untermiete?

Miete ( )   Eigentumswohnung ( )
Untermiete ( )   eigenes Haus (X)

8. Hatten Sie innerhalb der letzten sechs Monate einzelne Zimmer Ihrer Wohnung/Ihres Hauses untervermietet?

nein (X)   ja ( )

...

16. Gehört ein Balkon oder eine Terrasse zu Ihrer Wohnung?

nein ( )   ja ( )
Küchenbalkon ( )
Wohnbalkon (X)
Terrasse (X)

17. Wann haben Sie Ihre erste eigene Wohnung eingerichtet?
_1963_ (Jahreszahl)

18. Haben Sie damals Möbel von den Eltern, Schwiegereltern oder anderen Verwandten übernommen?

ja (X)   nein ( )   weiß nicht mehr ( )

...

23. Wenn Sie an die Wohnung Ihrer Eltern denken und diese mit Ihrer eigenen Wohnung vergleichen, wie stark unterscheiden sich diese:

sehr stark (X)   gar nicht ( )
weniger stark ( )   keine Meinung ( )
kaum ( )

23A. War die Wohnung Ihrer Eltern, in der Sie aufgewachsen sind, größer oder kleiner als Ihre jetzige Wohnung?

größer ( )   gleich groß ( )
kleiner (X)   keine Meinung ( )

...

25. Sind Sie der Meinung, daß man in seinen Möbeln alt werden soll, oder soll man sich nach sagen wir zwanzig Jahren eine neue Einrichtung anschaffen?
alt werden in seinen Möbeln ( )
nach einiger Zeit neu einrichten (X)
keine Meinung ( )
...

27. Wenn sich ein junges Ehepaar neu einrichten will, und es will sich Wohnzimmer, Schlafzimmer und Küche anschaffen, wieviel Geld müßte es ungefähr zur Verfügung haben?

DM ____
keine Meinung, weiß nicht X
...

29A. Wenn Sie sich Ihr Wohnzimmer ganz neu einrichten würden, welche der hier aufgeführten Gegenstände würden Sie auf jeden Fall anschaffen?

(X) Gardinen   (X) Vorhänge
(X) Anrichte   ( ) Eßtisch
( ) Stühle   ( ) Couch
(X) Musiktruhe   ( ) Bücherbord
(X) Tapete   (X) Teppich
( ) Schreibtisch   (X) Lampen
( ) Sofa   ( ) Blumentischchen
( ) Bilder   (X) Sessel
(X) Schrank   (X) Couchtisch
(X) Fernsehgerät   ( ) Teewagen

30. Wenn Sie die Wahl hätten, was würden Sie heute bevorzugen: Freiliegende Teppiche, Brücken oder Teppichboden?
Brücken ( )   Teppichboden ( )
freiliegende Teppiche (X)   keine Meinung ( )
...

42A. Wir haben hier einmal zusammengestellt, was man so imallgemeinen in seiner Freizeit tun kann. Kreuzen Sie bitte an, was hiervon für Sie im besonderen zutrifft.
(X) Den Abend ruhig zu Hause verbringen
( ) Veranstaltungen des Vereins besuchen
( ) Beim Sport zuschauen
( ) In ein Restaurant oder eine Wirtschaft gehen
(X) Besuch empfangen
( ) Karten spielen, Schach spielen oder ähnliches
( ) Spazierengehen
( ) Einkaufsbummel machen, Schaufenster ansehen
( ) Tanzen, ausgehen
(X) Besuche machen
(X) Ins Theater oder Kino gehen
(X) Ausflüge machen
(X) Im Garten arbeiten

( ) Sport treiben
( ) Sich weiterbilden, Selbststudium
( ) Dem Hobby nachgehen
(X) Bücher lesen
(X) Zeitungen, Illustrierte lesen

42C. Wenn Sie mehr freie Zeit hätten, welche von diesen Dingen würden Sie mehr tun als bisher?

...

58. Wenn Ihnen in Ihrem Beruf eine Stelle in einer anderen Stadt angeboten würde, wo Sie mehr verdienen könnten, würden Sie diese Stelle annehmen und umziehen?
ja ( )   weiß nicht ( )
nein ( )   keine Antwort ( )
kommt drauf an (X)

an Ehefrauen:
Wenn Ihrem Mann in seinem Beruf eine Stelle in einer anderen Stadt angeboten würde, wo er mehr verdienen könnte, würden Sie ihm raten, die Stelle anzunehmen und umzuziehen?
ja ( )   weiß nicht ( )
nein ( )   keine Antwort ( )
kommt drauf an (X)

59. Wie gerne leben Sie hier in dieser Stadt: sehr gerne, nicht sehr gerne oder genauso gerne wie anderswo?
sehr gerne (X)
genauso gerne wie anderswo ( )
nicht sehr gerne ( )
ich finde es hier fürchterlich ( )
keine Meinung ( )
...

60. Wenn Sie aus dieser Stadt wegziehen müßten, was von den folgenden Dingen würden Sie sehr stark vermissen?
Verwandte, die hier leben ( )
meinen Bekanntenkreis (X)
Vereins- und Sportkameraden ( )
Nachbarn von mir ( )
meinen Stammtisch oder mein Kaffeekränzchen ( )
einzelne gute Freunde ( )
die Straße hier oder den Ortsteil ( )
die schönen Gebäude von   ( )
die ganze Stadt ( )
die Menschen von   ( )
meine jetzige Wohnung (X)
meine jetzige Arbeitsstätte ( )
mir würde nichts fehlen

HÖRVERSTÄNDNIS 3 (optional)

A. Am Fahrkartenautomaten

VOKABELHILFE: die gewünschte Karte; der Einzelfahrschein; das Wechselgeld; die Streifenkarte; der Hausfrauen-Tarif; die S-Bahn (= Schnellbahn); die U-Bahn (= Untergrundbahn)

der Fahrausweis = die Fahrkarte = der Fahrschein

DER FAHRAUSWEISAUTOMAT

bietet Ihnen viele Vorteile, wenn Sie im Nahbereich, also bis 50 km, reisen wollen
● Öffnungszeiten „rund um die Uhr"
● kein „Schlange-Stehen" am Schalter
● schnelle Fahrpreisauskunft für den Nahverkehr.

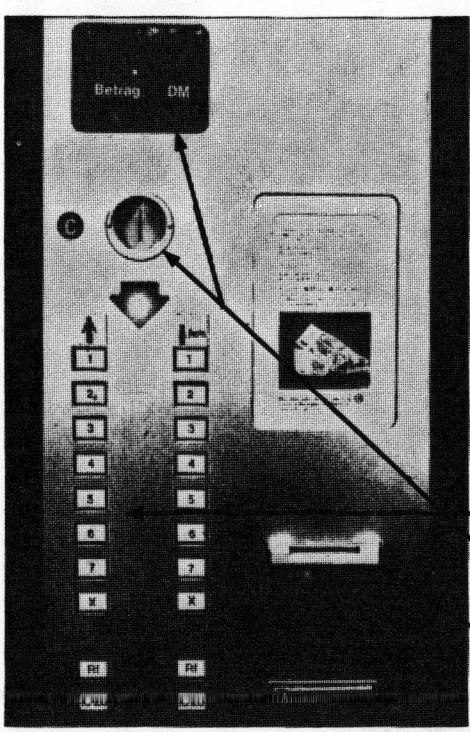

SCHNELL - BEQUEM - PROBLEMLOS ?
1 Wählen --- Ziel suchen
              Taste drücken
2 Zahlen --- Fahrpreis ablesen
              Geld einwerfen
3 Nehmen --- Fahrkarte
              (und Restgeld)
              nehmen

- 13 -

Hören Sie sich bitte den Dialog „Am Fahrkartenautomaten"
mehrmals an. Schreiben Sie dann auf, was Sie nun über
Fahrkarten und Fahrkartenautomaten wissen.

1. Was muß man tun, wenn man eine Fahrkarte bekommen möchte?
   _____
   _____
   _____

2. Wie heißen die zwei Arten von Fahrkarten, die genannt

   werden? _____
   _____

3. Was kostet sie? _____
   _____

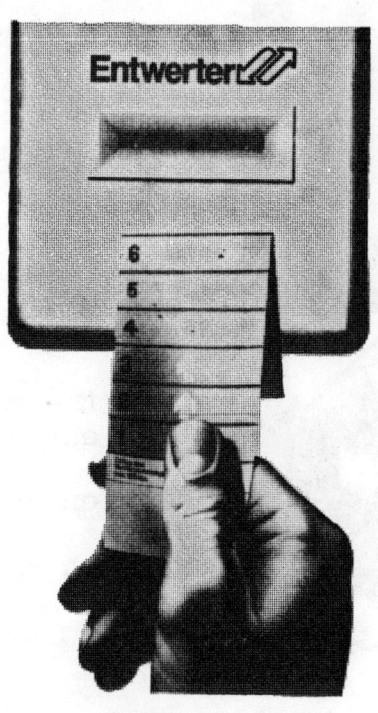

- 14 -

4. Was ist der Unterschied zwischen den Karten? _____

_____

5. Was bedeutet „Hausfrauen-Tarif"? _____

_____

6. Was passiert, wenn man das passende Geld nicht bei sich hat? _____

_____

B. In der Straßenbahn

Hören Sie sich bitte den Dialog „In der Straßenbahn" zweimal an, und notieren Sie dann mit einem Kreis um „R" oder „F", ob die folgenden Aussagen richtig oder falsch sind.

1. Die Dame möchte zum Hauptbahnhof fahren.
   R   F

2. Sie fährt allein.
   R   F

3. Sie hat ihre Fahrkarte schon am Automaten gekauft.
   R   F

4. Die Fahrkarte kostet zwei Mark.
   R   F

5. Die Dame kann mit dieser Straßenbahn direkt zum Krankenhaus fahren.
   R   F

6. Die Linie 5 fährt dreimal in der Stunde.
   R   F

7. Diese Straßenbahn fährt bis 11 Uhr abends.
   R   F

8. Man kann innnerhalb einer Stunde so oft umsteigen, wie man will.
   R   F

UND JETZT EIN ROLLENSPIEL

Sie stehen an einer Bushaltestelle in einer Stadt innerhalb der Bundesrepublik Deutschland. Ein junger Mann, der die Stadt nicht kennt, stellt einer Frau einige Fragen. Sie hören nur die Antworten der Frau.

1. Was waren die Fragen?   Schreiben Sie sie in den Text.

   "_____?"

   - Sie können Ihre Fahrkarte auch beim Fahrer in der Straßenbahn bekommen.

   "_____?"

   - Zur Uni müssen Sie die Linie 4 nehmen.

   "_____?"

   - Zur Uni? Zwei Mark, glaube ich.

   "_____?"

   - Ihr Fahrschein hat für eine Stunde Gültigkeit.

   "_____?"

   - Nein, umsteigen müssen Sie nicht.

   "_____?"

   - Ja, das ist der Hauptbahnhof.

   "_____?"

   - Die Linie 4 fährt jede Viertelstunde.

   "_____?"

   - Ja, doch, es gibt oft Kontrollen.

   "_____?"

   - Das kostet zwanzig Mark!

2. Spielen Sie jetzt eine ähnliche Szene mit einem Partner im Rollenspiel.

ZUM LESEVERSTÄNDNIS (optional)

Pro Kleinstadt - pro Großstadt

Sie wissen schon, wie wichtig für das Verständnis eines Textes sein Titel und die Publikation sind.

1. Der *Titel* ist sicherlich klar. Er zeigt schon, daß der Text primär argumentativ sein wird, für oder gegen die Kleinstadt, für oder gegen die Großstadt. Was für Argumente könnten das sein?

2. Zur *Publikation* sollten wir folgendes sagen. Die Stadt Frankfurt wurde nach dem Krieg der finanzielle Mittelpunkt der Bundesrepublik, mit vielen Banken und Bürohäusern. Von der schönen mittelalterlichen Bürgerstadt, in der Goethe zu Hause war, ist nicht mehr viel übriggeblieben. Viele Deutsche sehen Frankfurt deshalb so negativ wie viele Amerikaner New York sehen, als unpersönliche materialistische Stadt. Die Stadt Frankfurt versucht in letzter Zeit ein besseres Image von sich zu geben. Unsere beiden Texte kommen aus so einer Publikation der Stadt Frankfurt.

3. Lesen Sie jetzt beide Texte das erste Mal durch. Am Anfang ist für Sie *globales* Verständnis am wichtigsten. Erst später kommt *spezifisches* Verständnis der einzelnen Fakten.

Wörter im Kontext
   Das Wort „einbetoniert" oder „Einbetonierter" spielt in beiden Kurztexten eine wichtige Rolle. Sie werden es wahrscheinlich nicht kennen. Aber aus dem Kontext bekommen Sie viel Information.

Zum Beispiel: „Einbetoniert" wohnen heißt in der Stadt, ohne Grün, ohne frische Luft wohnen. Es heißt aber noch viel mehr! Eigentlich erklärt der ganze Text „Pro Kleinstadt" durch Beispiele das Wort „einbetoniert"! Auch der Text „Pro Großstadt" verwendet das Wort. In seinem Untertitel heißt es: „... einbetoniert und *trotzdem* frei". Damit wissen Sie, daß „einbetoniert" normalerweise „unfrei" bedeutet.

PRO Kleinstadt

"...gibt mir das Gefühl der Geborgenheit"

Mittendrin in einer großen Stadt wohnen? Umbraust vom Autoverkehr, einbetoniert, kein Fleckchen Grün vorm Haus, Fußmarsch zu öffentlichen Anlagen, um Luft zu schnappen und Bäume oder Rasen oder Blumen zu sehen? Unvorstellbar!

Ich wohne in einer Kleinstadt, ein paar Kilometer draußen, und ich wohne gern dort. Denn hier draußen ist noch niemand auf die Idee gekommen, Schallschutzfenster in seine Wohnung einzubauen, damit der Lärm wenigstens ein bißchen draußen bleibt. In meiner Kleinstadt kann ich meine Kinder zu Fuß gehen lassen, ohne mich um ihre Sicherheit sorgen zu müssen. Wenn sie mit dem Fahrrad unterwegs sind, kann ihnen natürlich auch in der Kleinstadt etwas zustoßen. Nur: Hier können sie noch radfahren.

Draußen, in meiner Kleinstadt ist auch noch niemandem eingefallen, eine Bürgerinitiative für einen Kinderspielplatz zu gründen. Die Plätze sind da, Felder und Wiesen nicht weit, die Natur gehört zum täglichen Leben. Es gibt noch Bauernhöfe. Meine Kinder wissen, wie ein Pferd oder eine Kuh oder ein Huhn aussieht — und zwar nicht aus Bilderbüchern, sondern vom Erleben.

Draußen, in meiner Kleinstadt, gibt es moderne Supermärkte und Modehäuser und Boutiquen wie in der Großstadt. Aber es gibt auch noch den Tante-Emma-Laden, bei dem es niemanden stört, wenn ich mal „hinten rein" gehe und um ein Brot bitte, weil's meine Frau vergessen hat. Ein Lokal mit drei Sternen haben wir zwar nicht, aber wenn der Wirt mir die Hand gibt, wenn ich zum Essen komme — das ist ein schönes Gefühl.

Meine Kleinstadt da draußen ist nicht nur heile Welt. Auch sie hat ihre Konflikte und ihre Probleme. Sie hat sogar ihre Schandflecke und Häßlichkeiten. Doch diese Kleinstadt gibt mir das Gefühl der Geborgenheit. Sie ist überschaubar, persönlich. Persönlich: Das ist das richtige Wort für all das Undefinierbare, das diese Kleinstadt so sympathisch und so heimelig macht.

Otto A. Schölple

Otto A. Schölple ist Lokalredakteur bei den „Stuttgarter Nachrichten"

PRO Großstadt

„... einbetoniert und trotzdem frei"

Ich bin ein Einbetonierter. Kein Fleckchen Grün vorm Haus, Fußmarsch in den öffentlichen Park, um Luft zu schnappen und Bäume (oder Blumen) zu sehen. Umbraust vom Autoverkehr, an den ich mich schon längst gewöhnt habe.

Ich bin ein Einbetonierter — und fühle mich merkwürdigerweise wohl dabei. Weil ich frei bin in meiner Großstadt. Frei vor allem davon, was die Kleinstadt mit ihrer „Geborgenheit", ihrem „Persönlichen" angeblich so sympathisch und heimelig macht. Ich fühle mich geborgen, aber eben nicht im Dunst der Kleinstadt, wo jeder jeden kennt und jeder von jedem beobachtet wird. Ich fühle mich geborgen in der vielkritisierten Anonymität der Großstadt, wo ich leben kann, wie ich will — und nicht muß, aus Rücksicht auf die Leute. Stadtluft macht frei.

Ich bin ein Einbetonierter — mit der Freiheit, unter 20 Kinos auswählen zu können. Mit der Freiheit, mich zwischen Oper, Schauspielhaus oder Kellertheater zu entscheiden. Mit der Freiheit, chinesisch, türkisch, italienisch oder auch schlicht deutsch essen zu gehen, auch wenn mir die Wirte nicht die Hand drücken. Mit der Freiheit, auch nach ein Uhr nachts noch nach Hause fahren zu können. Im Bus, der dann in meiner Großstadt noch nicht im Depot steht.

Ich bin ein Einbetonierter — mit einer Wohnung im sechsten Stock, fast im Hauptbahnhof, herrliche Hanglage mit Blick auf die City und nur fünf Minuten von ihr entfernt.

Ich bin ein Einbetonierter — mit der Möglichkeit, meine Kinder in die Schulen zu schicken, die für sie die besten sind. Zwar nicht mit dem Fahrrad, aber in meiner Großstadt gibt's Schulbusse. Und Straßenbahnen, die im Zehn-Minuten-Takt verkehren.

Ich bin ein Einbetonierter. Ohne Wiesen, Kühe, Pferde und Tante-Emma-Laden. Ohne ländliche Stille, Abgeschiedenheit und Idylle. Wenn ich die erleben will, bleibt mir immer noch die Fahrt aufs Land, der Besuch in der Kleinstadt.

Ich bin ein Einbetonierter, aber ich lebe mittendrin. Und bin hinter schallschluckenden Fenstern freier als der Kleinstädter bei offener Tür.

Walter Otte

Walter Otte ist freier Journalist in Bonn

1. Finden Sie den Kontext für die unten angegebenen Wörter, und entscheiden Sie, ob der Autor sie *positiv* oder *negativ* sieht. Wenn das nicht klar ist, machen Sie bitte Ihr Kreuz unter "unklar".

Pro Kleinstadt	positiv	negativ	unklar
Einbetoniert		X	
Geborgenheit			
Fußmarsch			
Lärm			
Sicherheit			
Tante-Emma-Laden			
Schandflecke			

Pro Großstadt	positiv	negativ	unklar
Einbetoniert			
Fußmarsch			
Autoverkehr			
Anonymität			
Freiheit zu wählen			

2. Schreiben Sie jetzt für jeden Text mindestens vier Sätze.
Beispiele:
Herr Schölple ist *für* die Kleinstadt, denn hier gibt es Sicherheit. Er ist *gegen* die Großstadt, denn sie hat keine frische Luft.
Herr Otto ist *für* die Großstadt, denn Sie bietet viele Freiheiten.
Er ist *gegen* die Kleinstadt, denn er liebt seine Anonymität.

LÖSUNGEN

Textbuch, Seite 48, Übung A: 1. dort 2. dorthin 3. von daher/dorther 4. dahin 5. da

ZUSAMMENFASSUNG DER VOKABELN -- PRECHAPTER

antworten jdm	to answer sb.
die Antwort, -en	answer
der Erfolg , -e	success
fragen jdn	ask sb.
die Frage, -n	question
die Germanistik	study of German
die Lektion, -en	lesson, chapter
lernen, etwas	learn sth.
lesen etwas las, gelesen	read sth.
die Literatur, -en	literature
der Mut	courage
schreiben, jdm etwas schrieb, geschrieben	write sb. sth.
die Schrift	writing
die Schriftsteller, -	writer, author
die Schriftstellerin, -nen	female writer
schweigen schwieg, geschwiegen	be quiet
der Spaß, -"e	fun, joke
Spaß machen	be enjoyable, fun
sprechen spach, gesprochen	speak, talk
die Sprache, -n	language, speech
die Fremdsprache, -n	foreign language
die Muttersprache , -n	native language
studieren jdn/etwas	study sb./sth.
der Student, -en	male student
die Studentin, -nen	female student
das Studium, Studien	study
toll	great, super (coll.)

üben etwas	*practice sth.*
die Übung, -en	*practice, exercise*
verstehen jdn/etwas verstand, verstanden	*understand sb./sth.*

ZUSAMMENFASSUNG DER VOKABELN -- KAPITEL 1

ab.reißen etwas riß, gerissen	*to tear down sth.*
der Altbau, -bauten	*old structure*
das Appartement, -s	*apartment*
auf.wachsen wuchs, ist gewachsen	*to grow up*
aus.ziehen aus zog, ist gezogen	*to move, move out*
der Balkon, -s	*balcony*
bauen etwas	*to build, construct sth.*
das Bauernhaus, -"er	*farm house*
besitzen etwas besaß, besessen	*to own sth.*
bewohnen etwas bewohnbar der Bewohner, -	*to live in, occupy sth.* *inhabitable* *occupant*
bezahlen etwas bezahlbar	*to pay for sth.* *payable, affordable*
bieten etwas bot, geboten	*to offer sth.*
das Dorf, -"er	*village*
das Eigenheim, -e der Eigentümer, - die Eigentumswohnung, -en	*home owned by sb.* *owner* *condominium*

das Einfamilienhaus, -"er	single family home
ein.richten etwas	to furnish sth.
die Einrichtung, -en	furnishings
ein.ziehen in zog, ist gezogen	to move in
finden jdn/etwas fand, gefunden	to find sb./sth.
der Fußgänger, -	pedestrian
das Gebäude, -	building
geradeaus	straight ahead
das Geschäftshaus, -"er	store building
der Geschmack, -"er	taste
das Hobby, -s	hobby
das Hochhaus, -"er	high rise
die Kathedrale, -n	cathedral
kaufen etwas	to buy, purchase
das Kaufhaus, -"er	department store
der Käufer, -	buyer
leben in	to live, reside in/at
leer	empty
mieten	to rent
der Mieter, -	renter
modernisieren etwas	to modernize
monatlich	monthly
der Rand, -"er	edge
das Reihenhaus, -"er	row house, town house
renovieren etwas	to renovate
restaurieren etwas	to restore, rehabilitate

ruhig	*quiet*
siedeln	*to settle*
die Siedlung, -en	*settlement, subdivision*
sparen	*to save*
suchen jdn/etwas	*to look for sb./sth.*
die Umgebung, -en	*surrounding area*
um.ziehen	*to move, change residence*
unternehmen etwas **unternahm, unternommen**	*to do sth., take up sth.*
der Untermieter, -	*person subleasing from sb.*
vermieten etwas	*to rent out, lease*
der Vermieter, -	*landlord*
der Vorort, -e	*suburb*
vor.stellen sich_d etw.	*to imagine sth.*
vor.ziehen jdn/etwas	*to prefer sb./sth.*
wohnen in	*to live, reside at/in*
das Wohnhaus, -"er	*apartment building, residential building*
die Wohnung, -en	*residence, apartment*
zahlen für	*to pay*
das Zentrum, Zentren	*center*
das Ziel, -e	*goal*
die Zone, -n	*zone, area*

UNTER FREUNDEN & BEKANNTEN

2

HÖRVERSTÄNDNIS 1:   SICH TREFFEN UND GRÜSSEN

A. Hören Sie sich den Text von Dialog 1 mehrmals an, und wählen Sie die passende Antwort.

   VOKABELHILFE: Man kommt zu nichts. = Man hat für nichts Zeit.

   1. Gerd und Thomas treffen sich ...

      a) oft   b) selten   c) regelmäßig

   2. Die jungen Männer sind ...

      a) Arbeiter   b) Studenten   c) Schüler

   3. Einer von ihnen möchte am nächsten Tag ...

      a) mit dem andern ins Kino gehen
      b) gemeinsam einkaufen gehen
      c) sich mit ihm zu Hause treffen

   4. Der andere wird ...

      a) morgen abend kommen
      b) morgen nicht kommen, weil er keine Zeit hat
      c) erst morgen wissen, ob er kommen kann

(Die richtigen Antworten finden Sie am Ende von Kapitel 2.)

B. Hören Sie Dialog 2 mehrmals an. Identifizieren Sie sich mit der Rolle des Gastgebers Thomas oder der Gäste. Schreiben Sie Ihre Antworten in die freien Zeilen.

   VOKABELHILFE:

   ... wär(e) aber nich(t) nötig gewesen.   (Der Gast ist auch ohne Geschenk willkommen.)

   1. Sie sind Gastgeber. Es klingelt. Sie öffnen die Tür. Da sind die Gäste.

      Was sagen Sie? _____

      _____

2. Ihre Gäste tragen Mantel, Hut, usw.

   Was sagen Sie? _____

   _____

3. Die Gäste wollen zeigen, daß Sie gern gekommen sind.
   Was sagen die Gäste vielleicht zu Ihnen?

   _____

4. Die Gäste haben ein kleines Geschenk mitgebracht. Was sagen sie zu Ihnen, wenn sie Ihnen das Geschenk geben?

   _____

5. Und was sagen Sie, der Gastgeber, nachdem Sie das

   Geschenk angenommen haben? _____

   _____

C. Lesen Sie zuerst die Fragen unten. Dann hören Sie sich Dialog 3 so oft an, bis sie die Fragen beantworten können.

   VOKABELHILFE:

   verpassen (den Bus/die Straßenbahn) = zu spät kommen
   die Ausrede   = *excuse, pretext*

   1. Was ist passiert?

      _____

   2. Warum ist das passiert?

      _____

   3. Wie reagiert die junge Frau? Ist sie ärgerlich? Erfreut? Zufrieden?

      _____

   4. Und wie reagiert der junge Mann?

      _____

D. Wie hätten Sie reagiert, wenn Sie Gerd oder die junge Frau gewesen wären? Schreiben Sie Ihre Antworten auf.

1. Ich hätte gesagt, daß _____
   _____

2. Ich würde _____
   _____

3. Ich wäre auch böse/ärgerlich/ungeduldig, wenn _____
   _____

E. Hören Sie den Text von Dialog 4 an, dann beantworten Sie die Fragen schriftlich mit einer Phrase aus dem Text.

   BEISPIEL: Treffen sich die zwei jungen Frauen regelmäßig/zufällig?

   Zufällig; so ein Zufall

1. Kennen sie sich gut/weniger gut?
   _____

2. Sehen sie sich oft/selten?
   _____

 „Du" und „Sie"

Wer sagt „Du"?
- Kinder, junge Leute, Studenten sagen „Du" zueinander;
- Familienangehörige, gute Freunde in jedem Alter;
- oft, aber nicht immer, Arbeitskollegen, Mitglieder eines Vereins;
- Erwachsene sagen zu Kindern (bis zu etwa 14 oder 15 Jahren) „Du".

Wer sagt „Sie"?
- Kinder zu Erwachsenen;
- Erwachsene zu Erwachsenen, wenn diese nicht zur Familie gehören oder gute Freunde sind.

Wann sagt man „ihr"?
Zu zwei oder mehr Personen, die man gut kennt, sagt man „ihr".

3. Sind sie über das Treffen sehr froh/gar nicht froh?

   _____

4. Arrangieren sie ihr nächstes Treffen jetzt/später per

   Telefon? _____

F. Wie ist das in den Dialogen 1 - 4? Schreibe Sie auf,
   wer zu wem **du** oder **Sie** sagt, und warum?

   BEISPIEL: **Sie; zwei Erwachsene, gehören nicht zur Familie**

   Dialog 1: _____
   Dialog 2: _____
   Dialog 3: _____
   Dialog 4: _____

VORSTELLEN (BEKANNTMACHEN)

G. Dialoge 5 und 6 sind zwei kurze Texte. Im ersten ist der
   Ton formell, im zweiten informell. Hören Sie die beiden
   Dialoge mehrmals an. In der Klasse üben Sie dann mit
   einem Partner das formelle und informelle Vorstellen.

H. Hören Sie den Dialog 7 einmal an, und schreiben Sie dann
   in einem Satz, worum es hier geht.

   _____

   _____

I. Nun hören Sie den Text so oft an, bis Sie die Fragen
   schriftlich beanworten können.

   1. Kennen die Eltern das Mädchen schon?

      _____

2. Gehen die beiden jungen Leute noch zur Schule?
   _____

3. Wie wissen Sie das?
   _____

4. Warum kommt sie vorbei?
   _____

5. Welchen Fehler macht der Vater beim Bekanntmachen?
   _____

6. Warum fragt die Mutter: „Darf man denn noch Du sagen?"
   _____

J. Sie stehen an der Straßenbahnhaltestelle und hören folgendes Gespräch. Hören Sie den Dialog 8 mehrmals an, und finden Sie die Informationen, um die Fragen schriftlich zu beantworten.

   VOKABELHILFE: Bochum   = Stadt im Ruhrgebiet
                  Bochumer Uni   = Universität Bochum
                  ist ja egal, ne? = ist ja gleich, nicht?
                  egal   = *hier*: uninteressant

   1. Wer spricht mit wem?
      _____

   2. Wo sind die Sprecher?
      _____

   3. Worüber sprechen sie?
      _____

   4. Wer spricht mehr? Warum vielleicht?
      _____

ZUM SELBSTSTUDIUM

A. Sie kennen schon Genus, Kasus, Numerus der folgenden Nomina. Schreiben Sie die fehlenden Formen für Artikel, Genitiv Singular und die Pluralform des Nomens.

Cover the answers on the right while speaking/writing a particular item; then compare your answer with the correct one immediately. A "0" indicates no ending.

	Artikel		Genitiv (sg)	Plural	Zur Kontrolle		
BEISPIEL:							
	das	Haus,	-es,	-"er			
1.	die	Einrichtung	0	en	die	0	en
2.	___	Stadt			die	0	-"e
3.	___	Besitzer			der	s	0
4.	___	Dorf			das	(e)s	(e)s
5.	___	Siedlung			die	0	en
6.	___	Miete			die	0	n
7.	___	Mieter			der	s	0
8.	___	Freundin			die	0	nen
9.	___	Gast			der	(e)s	-"e
10.	___	Beruf			der	(e)s	e
11.	___	Geschenk			das	s	e
12.	___	Land			das	es	-"er
13.	___	Student			der	en	en
14.	___	Polizist			der	en	en
15.	___	Freundschaft			die	0	en

B. Auch diese Nomina kennen Sie schon. Sprechen und schreiben Sie bitte Nominativ und Genitiv Singular:

	Nominativ	Genitiv
BEISPIEL:		
die Gäste	der Gast,	des Gastes
1. die Veranstaltungen		
2. die Einladungen		
3. die Kaufhäuser		
4. die Nachteile		
5. die Brüder		
6. die Wohnungen		
7. die Väter		
8. die Uhren		
9. die Stühle		
10. die Feste		
11. die Berge		

C. **Wem** bringen Sie vielleicht ein Geschenk mit?
Geben Sie definite und indefinite Artikel (wo möglich).
Denken Sie bei den Nomina auch an notwendige Endungen!

BEISPIEL: **dem/einem** Freund

1. _der_ / _einer_ Freundin
2. ____ / ____ Geburtstagskind
3. ____ / ____ Eltern
4. ____ / ____ Großvater
5. ____ / ____ Präsident
6. ____ / ____ Geschwister
7. ____ / ____ Gastgeber
8. ____ / ____ Dame
9. ____ / ____ Cousine
10. ____ / ____ Kind
11. ____ / ____ Kinder
12. ____ / ____ Herr

D. **Wem** haben Sie gratuliert?
Sie wissen schon, daß die Possessivpronomina (mein, dein, sein/ihr/sein, unser, euer, ihr) die gleichen Formen haben wie der indefinite Artikel **ein**.

Nehmen Sie die Nomina von Übung C., und formen Sie Sätze mit diversen Subjekten wie im Beispiel.

BEISPIEL: **Petra hat ihrer Freundin zum Geburtstag gratuliert.**

(zur Graduierung, zum Hochzeitstag, zur guten Prüfung, zum Namenstag, zur neuen Wohnung, zum neuen Auto, zur Beförderung *(promotion)*, zur Verlobung, usw.)

1. _____
2. _____
3. _____
4. _____
5. _____
6. _____
7. _____

8. _____

9. _____

10. _____

11. _____

12. _____

E. Wo trifft man sich zur Party?
   Ergänzen *(complete)* Sie mit Genitivformen.

   BEISPIEL: in der Wohnung/ein Freund   **in der Wohnung
                                               eines Freundes**

   1. im Appartement/eine Freundin _____

   2. im Zimmer/ein Studienkollege _____

   3. in der Kleinwohnung/eine Studienkollegin _____
      _____

   4. in der Villa/der Präsident _____

   5. im Haus/mein Onkel _____

   6. im Garten/die Familie Springer _____

   7. im Foyer/das Konzerthaus _____

F. Verwenden Sie in den Minitexten für das markierte Nomen
   im folgenden Satz das passende Personalpronomen.

   BEISPIEL: Du hast, glaube ich, **meinen Vater** noch nicht
              kennengelernt. Darf ich **ihn** dir vorstellen?

   1. Darf ich Ihnen mit Ihrer **Tasche** helfen? Legen
      Sie _____ doch am besten hier in die Ecke.

   2. Hallo, **Gerd**! Wie fabelhaft, daß man _____ wieder
      mal sieht!

   3. Gestern mußte ich kurz in die Stadt. Wir haben
      nämlich für heute abend eine Einladung bei **Müllers**,

und da wollte ich _____ ein hübsches kleines Geschenk kaufen.

4. Im Sommer fahren alle unsre **Verwandten** aufs Land. _____ bleiben nicht gern in der heißen Stadt.

5. Ich möchte mich herzlich für **die Blumen** bedanken. _____ sind einfach wunderschön.

6. Zum Geburtstag wünscht sich **meine Schwester** einen besseren Plattenspieler. Wahrscheinlich werden meine Eltern _____ einen schenken, und ich kaufe _____ eine hübsche Schallplatte.

7. Wo ist denn eigentlich **die Party**? Ich dachte, _____ soll bei **Peter** sein. Und jetzt höre ich, sie ist nicht bei _____, sondern bei dir!

8. Kannst du mir bitte **den Kuchenteller** geben? Ich kann _____ so schlecht erreichen.

9. Moment, **Frau Schumacher**, ich packe _____ **das Geschenk** in hübsches Geschenkpapier ein. So sieht _____ ein bißchen besser aus.

10. Hast du meine **Einladung** noch nicht erhalten? Ich hab _____ schon vor drei Tagen in die Post gesteckt.

G. Setzen Sie in die Minitexte passende Pronomina ein.

1. Hast du Brigitte schon ein Geburtstagsgeschenk gekauft? Vielleicht kaufe ich _____ ein hübsches Buch. Hoffentlich kann ich ____ ____ dann auch selbst bei der Party geben. Ich weiß nämlich noch nicht genau, ob ich kommen kann.

2. Soll ich den Kindern etwas mitbringen? - Ja, bring ____ doch irgend ein hübsches Spielzeug mit, und dann gibst du ____ ____ gleich, wenn du ankommst. Da brauchen sie nicht lange darauf zu warten, was ihre Lieblingstante mitgebracht hat!

3. Ich freu mich so auf Peter. ____ kann nur so selten zu Besuch kommen. Und ich sorge mich immer, ob ___ ____ an der Universität auch gefällt.

4. Wir bedanken uns für Ihre freundliche Einladung zur Eröffnung der Ausstellung. Natürlich nehmen wir _____ an. Soll ich außerdem Ihrer Sekretärin unsere Antwort schriftlich geben? Dann schicke ich _____ in einem kleinen Briefchen.

5. Nun zeig uns doch endlich deinen neuen Mantel! Wir wollen _____ auch bewundern können. Hast Du Deiner Mutter schon erzählt, wieviel _____ gekostet hat? Und hast du _____ _____ schon gezeigt?

H. Setzen Sie in den folgenden Text passende Präpositionen ein:

Immer mehr deutsche Städte entdecken, daß die Straße nicht nur für Autos da ist. Lange Zeit wirkten die Innenstädte _____ Wochenenden und _____ dem Arbeitstag wie ausgestorben. _____ es aber autofreie Stadtzentren und Einkaufspassagen (shopping malls) gibt, lebt die City wieder auf. Viel besser als noch _____ wenigen Jahren kann man heute _____ Fußgängerzonen einkaufen und die Schaufenster bewundern. _____ vielen Städten ist die Straße der Ort geworden, wo man sich gern trifft. Auch die Künstler haben die Straße als Treffpunkt entdeckt. _____ Plätzen, _____ Straßencafés, _____ jeder Ecke sieht man Musiker, Kabarettisten, Pantomimen, Artisten und Tänzer. In einer großen Einkaufspassage _____ Hamburg, einer "Wohnung mit vielen Geschäften", machen es sich täglich _____ eine halbe Million Menschen gemütlich. Sie wissen zu schätzen, daß es _____ dem großen Glasdach nie regnet!

I. Diesmal füllen Sie die richtigen Endungen oder Artikel ein.

Während junge Leute gesammelte Möbel vorziehen, haben ältere Leute oft eine Vorliebe für Stilmöbel. In ein_____ schönen Altbauwohnung wohnt zum Beispiel die Krankenschwester Margarete Bauer mit ihrer Tochter. Nach _____ Arbeit möchte sie sich in ihr_____ Wohnung wohlfühlen können. Sie hat ihr Heim daher während _____ letzten Jahre mit warmen Farben und bequemen Materialien wie Leder und Velours eingerichtet. Gegenüber _____ Couch steht eine Wohnwand. Neben der Wohnwand vor _____ Fenster haben der Farbfernseher und eine Zimmerpalme ihren Platz. Man sieht auf _____ ersten Blick, daß sie, wie viele Deutsche, auf ihr_____ Heim sehr stolz ist. In _____ hübsche Wohnung, die man nach sein_____ eigenen Geschmack eingerichtet hat, wird auch nicht jeder eingeladen. Solch eine Einladung an ein_____ Fremden ist eine besondere Ehre.

J. Bilden Sie mit jeder Präposition je drei neue Lokal-/
Direktionalausdrücke und Temporalausdrücke.

BEISPIEL: **in**

	Wo?	**Wohin?**	**Wann?**
	im Garten	in den Garten	in zwei Tagen
	im Park	in den Park	in kurzer Zeit
	in der Stadt	in die Stadt	in einer Stunde

	Wo?	**Wohin?**	**Wann?**
vor	dem Haus	vor das Haus	vor einer Woche
nach			
in			
an			
zwischen			
um			

K. Nehmen Sie Wörter vom Vokabelmosaik „Einladen", und bilden Sie Sätze im Präsens oder Perfekt mit den angegebenen Verben.

BEISPIEL: bekommen (Perfekt) **Ich habe gestern von guten Bekannten eine Einladung zum Kaffee bekommen.**

1. grüßen (Präsens)

   _____

2. ein.laden (Perfekt)

   _____

3. kennen.lernen (Präsens)

   _____

4. an.nehmen (Perfekt)

   _____

5. ab.lehnen (Präsens)

   _____

L. Nehmen Sie wieder Wörter vom Vokabelmosaik, und bilden Sie Sätze im Präteritum oder Plusquamperfekt mit den angegebenen Verben.

BEISPIEL: bekommen (Plusquamperfekt) **So viele Geschenke hatte sie noch nie bekommen.**

1. danken (Präteritum)
   _____

2. helfen (Plusquamperfekt)
   _____

3. gefallen (Präteritum)
   _____

4. gratulieren (Plusquamperfekt)
   _____

5. antworten (Präteritum)
   _____

M. Diesmal können Sie Wörter von allen Ihnen bekannten Vokabelmosaiken nehmen. Bilden Sie die Sätze im Futur oder mit Modalverb im Präsens.

BEISPIEL: sich verabschieden (Präsens - müssen)
Leider muß ich mich jetzt verabschieden.

1. schenken (Präsens - wollen)
   _____

2. bringen (Futur)
   _____

3. vor.stellen (Präsens - müssen)
   _____

4. geben (Futur)

   _____

5. mit.bringen (Präsens - können)

   _____

HÖRVERSTÄNDNIS 2: EINLADEN

A. Hören Sie zuerst die Dialoge 9 und 10 an. Dann beantworten Sie die Fragen.

   VOKABELHILFE:　angucken = anschauen
   　　　　　　　　Krimi　　 = Detektivstory

   1. Warum lädt die erste Sprecherin die zweite ein?

      _____

   2. Wo wollen sie sich treffen? _____

      _____

   3. Was könnten sie dort tun? _____

      _____

   4. Warum muß im zweiten Dialog die zweite Sprecherin zu

      Hause bleiben? _____

      _____

B. Könnten Sie diese Dialoge aufschreiben? Versuchen Sie es! Natürlich können Sie die Kassette so oft wie nötig stoppen.

Dialog 9 - Eine kleine Hilfe für den Anfang!

Claudia: Hast du heute abend schon was vor?

Andrea: Heute abend ..., nein, _____

            _____

Claudia: _____
_____
_____

Andrea: _____
_____
_____

Claudia: _____

Dialog 10

Sabine: _____
Angela: Ja, warum, sollt' ich zu dir kommen?
Sabine: _____
_____
_____

Angela: Ja, das tut mir leid, _____
_____
_____

Sabine: _____
Angela: Ja, das wär' 'ne Idee.
Sabine: _____
_____

Angela: _____
_____

(Die Texte zu Dialog 9 und 10 finden Sie am Ende von Kapitel 2.)

GRATULIEREN

C. Hören Sie die drei kurzen Dialoge 11, 12 und 13 an. Schreiben Sie dann die Redemittel auf.

VOKABELHILFE: ein gutes Gedächtnis = *a good memory*

Von Dialog 11: Herzlichen _____. – Danke.

Von Dialog 12: Ich gratulier' dir _____.

Erst mal vielen _____.

Von Dialog 13: Onkel _____, ich _____.

Vielen _____, _____.

D. Hören Sie genau zu. Dann ergänzen Sie den folgenden Text.
VOKABELHILFE: gespannt = hier: neugierig *(curious)*
Nichts zu danken! = *Don't mention it.*

Sylvia: Ich hab' dir auch was _____.

Petra: Ja was denn, da bin ich ja mal _____.

Sylvia: Ja, 's mußte schon _____.

Petra: Ja ... Ach 'n _____, ach süß. Woher weißt du denn, daß ich Stoffhunde so _____?

Sylvia: Ja, Petra, ich kenn' dich schon _____.

Petra: Ach so, ja. Aber es ist _____, danke _____.

Sylvia: Och, _____.

Gemütlichkeit wird bei uns GROSS geschrieben!

SICH VERABSCHIEDEN

E. Dialoge 15, 16 und 17 sind drei sehr kurze Gespräche. Sprechen Sie bitte nach.

   VOKABELHILFE: Tschüß = informeller Gruß beim Abschied

F. In Dialog 18 haben wir folgende Situation: Ulrike und Helmut, ein junges Ehepaar, haben gute Bekannte von Helmut, Herrn und Frau Fröhlich, besucht. Sie sind gerade beim Gehen. Hören Sie den Dialog mehrmals an. Dann setzen Sie fehlende Teile im folgenden Text ein.

   VOKABELHILFE: unheimlich = *hier:* sehr

Ulrike: So, und, wir müssen _____ leider gehen, und wir wollten uns nochmal herzlich für Ihre _____ _____. Es hat uns wirklich unheimlich gut bei _____ gefallen.

Herr
Fröhlich: Das ist lieb. Hoffentlich dauert's das _____ _____ nicht so lange, bis Sie wieder zu uns _____.

Frau
Fröhlich: Das wollt' ich eben gerade sagen. Helmut, ich finde, ihr müßt also ___ _____ wirklich mal etas _____ vorbeikommen. Und es geht wirklich nicht, daß ihr noch _____ _____ trinkt?

Helmut: Ne, wirklich nicht, du.

Ulrike: Das, das geht einfach nicht, _____ wir müssen _____ wirklich _____

- 43 -

_____. Wir würden unheimlich gern,
aber _____ _____ halt, und das ist klar ...

Frau
Fröhlich: Ja, also dann _____ _____ und bis bald, ne.

Ulrike: Ja, _____ _____, tschüß.

Herr
Fröhlich: _____ _____.

Ulrike: Hoffentlich sehen wir uns _____ _____.

(Den ganzen Text zu Dialog 18 finden Sie am Ende von Kapitel 2.)

ZUM LESEVERSTÄNDNIS (optional)

Der freundliche Humor dieser kleinen Geschichte entsteht aus dem Dilemma eines modernen Vaters, hier liebevoll „Papa" genannt. Er möchte „mehr in Familie machen", das heißt, mehr Zeit mit seiner Familie verbringen, aber jede Woche wiederholt sich die bittere Realität.

Um manche Dinge im Text verstehen zu können, muß man etwas über die deutsche Szene informiert sein; andere jedoch werden Ihnen in ähnlicher Form auch bekannt sein.

Kleine Hilfen

Schrecknisse	Dinge, die einen erschrecken, die schrecklich sind.
geschafft	„Geschafft" ist man, wenn man von der Arbeit todmüde ist.
der Vorgang	Ein bürokratischer Prozeß, mit dem ein Problem gelöst werden soll. Oft bedeutet das einen langen Papierkrieg und viele ermüdende Besprechungen.
„Hühnerbüttel"	ist ein Name.
die Pappe	festes, steifes Papier

der Frühschoppen	Treffen einer Gruppe von Männern in einer Kneipe zu einem Gläschen Bier oder Wein. Für viele deutsche Männer ist der Frühschoppen am Sonntag vormittag absolut notwendig für Lebensrhythmus und Wohlbefinden.
sich verlaufen	einen falschen Weg gehen
die Spätausgabe	die letzten Fernsehnachrichten am Abend

Rheinischer Merkur/Christ und Welt Nr. 18 — 4. Mai 1984

Wochenend-Schrecknisse

Wenn Papa mal wieder ganz groß in Familie macht

Nach fünf Tagen Sonne zieht gegen Abend Bewölkung auf, und dann beginnt der Regen. Typischer Freitagabend. Endlich Wochenende, und Vater kommt geschafft nach Hause. Die ganze Woche den Ärger im Büro, und wenn man nur auf ihn gehört hätte, wäre der Vorgang Hühnerbüttel schon längst vom Tisch, und was es denn endlich zum Abendbrot gäbe. Der Gouda schmeckt nach Pappe, und die Salami könnte auch mal wieder von einem anderen Metzger sein.

Wenigstens gibt es abends Sport im Fernsehen und um zehn die Talkumshow, aber die ist ja auch nicht mehr, was sie mal war, jetzt ohne die drei, gute Nacht.

Samstagmorgen erwacht ein neuer Mensch. Ausgeschlafen. Vater fährt Bier holen und Limo für die Kinder. Nach dem Mittagsschläfchen kommt der Wagen dran. Der ist vom Sonnenschein ganz schön schmutzig geworden — Sonnenstaub.

Wenigstens gibt es abends Sport im Fernsehen. Und außerdem will ein sonst geplagter Mann dann auch mal so richtig mit seiner Familie zusammensein. Bis zum Testbild.

Sonntags schläft er natürlich aus. Dann geht er zum Frühschoppen, und den schläft er dann nach dem Mittagessen aus.

Zwischen zwei Regenschauern wird der Wagen aus der Garage geholt, und alle fahren ins Grüne. Auch wenn Elke ausgerechnet um drei verabredet ist und Holger sowieso Sonntagnachmittage in Familie nicht ausstehen kann.

Wie schön ist es in Gottes freier Natur! Da wird es einem so leicht ums Herz, wenn man mit dem Wagen endlich mitten im Wald steht. Weil einem diese Sonntagsfahrer alle Parkplätze vollgestellt haben. Natürlich wird auch eine Wanderung gemacht, eine kleinere, ein Spaziergang. Ohne Wanderkarte, man kann sich gar nicht verlaufen, wenn man einfach den anderen hinterhergeht. Und zum Kaffee kehrt man dann ein — ins Auto. Denn alle Cafés, Restaurants und Imbißstuben sind lückenlos vollgestopft. Und der Kaffee wäre sicher auch viel zu dünn und viel zu teuer gewesen, während der Kuchen ohnedies nach Pappe schmeckt.

Wenigstens gibt es abends Sport im Fernsehen. Und für die ganz Unkonventionellen war da doch noch etwas, oder hatten wir das schon am Samstag?

Sonntagabend macht Papa dann ganz groß in Familie, aber höchstens bis zur Spätausgabe, denn morgen muß er früh raus. Und dann sind es nur noch fünf Tage bis zum Wochenende. *Günter J. v. Lonski*

1. Rekapitulieren Sie das Wochenende Tag für Tag. Beginnen Sie mit Freitagabend. Beachten Sie dabei die vielen Zeitangaben.

2. Finden Sie Textstellen, die die Diskrepanz zwischen dem Ideal eines Familienwochenendes und der Realität klar machen. Schreiben Sie dann den Kontrast in die Tabelle unten. Einige Punkte sind schon angegeben.

Freitag abend

   Wochenende:

Freizeit	Vater ist geschafft
schönes Wetter	
gutes Essen	Käse und Wurst schmecken miserabel
	Fernsehen: Sport

Samstag

   Freizeit

Sonntag

	Frühschoppen
sonnige Fahrt ins Grüne	
Zeit mit den lieben Kindern verbringen	
Gottes freie Natur genießen	
	Kaffee im Auto trinken
	Sport im Fernsehen
gemütlichen Abend mit der Familie verbringen	

HÖRVERSTÄNDNIS 3 *(optional)*:   EIN TELEFONGESPRÄCH

A. Hören Sie sich "Ein Telefongespräch" ein- oder zweimal an. Schreiben Sie während des Hörens Stichwörter *(notes)*, also nur ein paar Wörter, zu den Fragen unten.

VOKABELHILFE:

das Abitur	= Abschluß-Examen im Gymnasium
die Kur, der Kurort	= ein Ort, wo kranke Menschen Mineralbäder nehmen, Diät essen, spazierengehen. (Baden-Baden ist so ein Kurort.)
sich sehen lassen	= *hier:* auf Besuch kommen
jemandem etwas ausrichten	= *hier: deliver a message*
Das ist so (ei)ne Sache.	= Das ist vielleicht ein Problem.
etwas mit jemandem besprechen	= diskutieren

BEISPIEL: Warum freut sich Herr Schreiber über Walters Anruf?

freut mich ... lang nicht mehr sehen lassen

1. Warum hat sich Walter so lange nicht mehr sehen lassen?

2. Wo war Erika, als Walter anrief?
   _____

3. Was wollte Walter Erika fragen?
   _____

4. Was macht Erikas Familie am Samstag?
   _____

5. Warum soll Walter erst um 9 Uhr nochmals anrufen?
   _____

B. Jetzt gebrauchen Sie Ihre Stichwörter von A. und beantworten die Fragen schriftlich mit einem Satzfragment oder einem ganzen Satz.

   BEISPIEL: Warum freut sich Herr Schreiber über Walters Anruf?

   Walter hat sich lange nicht mehr sehen lassen. (Er war schon lange nicht mehr zu Besuch bei Schreibers.)

1. _____
   _____

2. _____
   _____

3. _____
   _____

4. _____
   _____

5. _____
   _____

C. Schreiben Sie in einem Paragraphen eine Zusammenfassung des Telefongesprächs, was Walter möchte und warum das vielleicht ein Problem ist.

Stichwörter als Hilfe:

Erika anrufen – Erikas Vater am Telefon – Samstag zur Party einladen – Schreibers Samstag ans Meer – Frau Schreiber zur Kur da – spät zurückkommen – Walter später nochmals anrufen – mit Erika persönlich besprechen

_____
_____
_____
_____
_____
_____
_____
_____
_____

* * * * * * *

Abschließend noch eine schriftliche Aufgabe *(optional)*

Wie in Deutschland sind in letzter Zeit auch viele Amerikaner in die Innenstädte zurückgekehrt, wo sie die alten Häuser renovieren. Versuchen Sie, einem Deutschen dieses Phänomen von der amerikanischen Perspektive her zu erklären. Schreiben Sie einen Paragraphen. Verwenden Sie dabei möglichst viele temporale Ausdrücke aus den Texten und Übungen, und denken Sie auch an die Informationen aus dem letzten Kapitel.

Stichwörter als Hilfe:

Früher - in der Stadt - wohnen / Arbeit finden
Allmählich - werden - Städte größer und häßlicher
in die Vorstädte ziehen
mit dem Auto zur Arbeit pendeln
Problem - als auf einmal - Ölpreise höher - jeden Morgen pendeln
gleichzeitig - Häuserpreise - Innenstadt - attraktiver
außerdem - andere Struktur der amerikanischen Familie -
mehr arbeitende Väter und Mütter - weniger Kinder -
wenn - weniger Kinder - Schulen weniger wichtig
heutzutage - Innenstädte menschenfreundlicher
seither - viele berufstätige Ehepaare - zurückkehren.

SLEEPING BEAUTY

(Translation of "Dornröschen")

Once upon a time there lived a king and queen who said every day: "If only we had a child!" But they never had a child. And so it happened that once, when the queen was taking a bath, a frog crawled out of the water on to the land and said to her: "Your wish shall be fulfilled; before a year is over you will bear a daughter." What the frog said came to pass, and the queen bore a daughter who was so beautiful that the king was beside himself with joy and arranged a great feast. He invited not only his relatives, friends, and acquaintances, but also wise women so that they would be favorably inclined toward the child. There were thirteen of these women in his empire, but since he had only twelve golden plates from which they should eat one of them had to stay at home. The feast was celebrated with all splendor and as it came to an end the wise women offered their miracle gifts: one offered virtue, the other beauty, the third wealth, and so on -- everything that one could wish for in this world. When eleven of them had just pronounced their wishes the thirteenth entered suddenly. She wanted to avenge the fact that she had not been invited, and cried out loudly: "The princess shall prick herself with a spindle in her fifteenth year and shall fall down dead." And without saying another word she turned around and left the hall. All were frightened; then the twelfth wise woman, who still had her wish, stepped forward, and since she could not undo the evil spell but could only reduce it, she said: "It shall not be death, but a one-hundred year sleep that will befall the princess."

The king, who very much wanted to protect his beloved child from this evil, issued the command that all spindles throughout his kingdom should be burned. All the gifts of the wise women were fulfilled in the princess. She was so beautiful, virtuous, kind and understanding that anyone who saw her had to love her. On the day the girl turned fifteen, it happened that the king and the queen were away, and she remained by herself in the castle. She wandered all around, explored rooms and chambers as she pleased, and finally came to an old tower. She climbed the old winding staircase and came to a little door. In its lock was a rusty key, and as she turned it the door came open and there, in a small room, an old woman sat with a spindle, busily spinning flax. "Good day, old woman," said the princess, "what are you doing there?" -- "I am spinning", said the old woman, and nodded her head. "What kind of a thing is that, jumping around so gaily?" the girl said and took the spindle. However, no sooner had she touched the spindle then the spell came true and she pricked her finger on it.

    The moment she felt the sting, the princess fell on to the bed beside her, and lay there in a deep sleep. And this sleep spread over the entire castle. The king and the queen who had just returned home and had entered the great hall began to fall asleep, and with them all the courtiers. The horses in the stable fell asleep, the dogs out in the courtyard, the pigeons on the roof, the flies on the wall, even the fire flickering in the fire place died down and went to sleep, and the meat roast stopped sizzling. The cook who had wanted to pull the kitchen boy by the hair because he had done something wrong let go of him and slept. The wind died down, and on the trees in front of the castle not a leaf moved.

    All around the castle, however, a hedge of thorns began to grow. Every year it grew higher, finally surrounding the entire castle, and grew over it so that nothing could be seen, not even the flag on the roof. Throughout the country the tale was told of the beautiful Sleeping Beauty, for that is what the princess was called. And so, from time to time, princes came who tried to reach the castle through the hedge. But they did not succeed, for the thorns held tightly together and the young men became ensnared in them, could not free themselves, and died a pitiful death. After many, many years another prince came to the country and heard an old man tell about the hedge of thorns, that there was a castle behind it in which a beautiful princess, called Sleeping Beauty, had been sleeping for a hundred years, and with her the king, the queen and the entire court. He also knew from his grandfather that many princes had tried to enter through the hedge of thorns, and that they had become caught in it and died. So the young man said: "I am not afraid, I want to go and see Sleeping Beauty." Try as the old man might, the prince would not be talked out of it. As it happens one hundred years had just passed and the day had come when Sleeping Beauty should wake again. When the prince approached the hedge of thorns, he found nothing but big, beautiful flowers which opened up of their own accord and let him pass unharmed, and the hedge closed up behind him again. In the courtyard he saw the horses and the spotted hunting dogs lying there asleep; on the roof sat the pigeons, heads tucked under their wings. And when he entered the house, the flies were asleep on the wall, the cook in the kitchen still held out his hand as though he were trying to grab the boy, and the kitchen maid sat in front of the black hen which needed to be plucked. On he went, and saw in the great hall all the members of the court lying and sleeping, and up above by the throne lay the king and the queen. He continued further; everything was so still. Finally he came to the tower and opened the door to the room in which Sleeping Beauty was asleep. There she lay, so beautiful that he could not turn his gaze from her, and he bent down and kissed her. When he touched her with the kiss, Sleeping Beauty opened her eyes, awoke and looked at him tenderly.

So they went down together, and the king awoke, and the queen and the entire court, and they looked at each other in amazement. And the horses in the courtyard got up and shook themselves; the hunting dogs jumped and wagged their tails; the pigeons on the roof pulled their little heads out from underneath their wings and looked around and flew into the fields; the flies on the wall crawled on; the fire in the kitchen came to life again and started cooking the food; the roast started sizzling again, and the cook gave the kitchen boy a blow in the face so that he screamed, and the kitchen maid finished plucking the hen. And the marriage of the prince and Sleeping Beauty was celebrated with all splendor, and they lived happily ever after.

LÖSUNGEN

Textbuch, Seite 76, Zeitausdrücke im Basistext

vor Zeiten; von Zeit zu Zeit; jeden Tag; an dem Tage; in ihrem fünfzehnten Jahr; jedes Jahr; nach langen, langen Jahren; seit hundert Jahren; gerade; eben; endlich; plötzlich; kaum; in dem Augenblick; bis an ihr Ende.

als die Königin einmal im Bade saß; ehe ein Jahr vergeht; als es zu Ende war; als elfe ihre Sprüche getan hatten; an dem Tage, wo es fünfzehn Jahr alt war; als der Königssohn sich der Dornenhecke näherte; als er ins Haus kam; wie er es mit dem Kuß berührt hatte.

Übungsbuch, Seite 26, HÖRVERSTÄNDNIS 1: 1:b, 2:c, 3:c, 4:a

Texte zu HÖRVERSTÄNDNIS 2

Dialoge 9 und 10

Claudia:	Hast du heute abend schon was vor?
Andrea:	Heute abend ..., nein, heute abend noch nicht, warum?
Claudia:	Ach, das trifft sich gut. Wenn du Zeit hast, kannst du zu mir kommen, weil meine Eltern sind nicht da, und da dacht' ich, wir könnten uns'n gemütlichen Abend machen.
Andrea:	Ja, das ist gut. Heute abend kommt'n Krimi, dann könnten wir uns den zusammen angucken. Ich hab' bestimmt wieder Angst alleine.
Claudia:	Ja, is' gut, machen wir.

Sabine:	Hast du heute abend was vor?
Angela:	Ja, warum, sollt' ich zu dir kommen?
Sabine:	Ja, weißt du, ich dachte, meine Eltern sind heute abend nicht da, und wir hätten uns 'nen gemütlichen Abend machen können.
Angela:	Ja, das tut mir leid, meine Eltern sind nämlich auch nicht da. Und da muß ich auf meine kleine Schwester aufpassen.
Sabine:	Ach so. Ja, vielleicht komm' ich dann zu dir.
Angela:	Ja, das wär' 'ne Idee.
Sabine:	Also, tschüß.
Angela:	Tschüß.

Dialog 18

Ulrike:	So, und, wir müssen jetzt leider gehen, und wir wollten uns nochmal herzlich für Ihre Einladung bedanken. Es hat uns wirklich unheimlich gut bei Ihnen gefallen.
Herr Fröhlich:	Das ist lieb. Hoffentlich dauert's das nächste Mal nicht so lange, bis Sie wieder zu uns finden.
Frau Fröhlich:	Das wollt' ich eben gerade sagen. Helmut, ich finde, ihr müßt also in Zukunft wirklich mal etwas öfter vorbeikommen. Und es geht wirklich nicht, daß ihr noch ein Glas trinkt?
Helmut:	Ne, wirklich nicht du.
Ulrike:	Das, das geht einfach nicht, weil wir müssen jetzt wirklich nach Hause. Wir würden unheimlich gerne dableiben, aber die Kleine halt, und das ist klar ...
Frau Fröhlich:	Ja, also dann gute Fahrt und bis bald, ne.
Ulrike:	Ja, vielen Dank, tschüß.
Herr Fröhlich:	Auf Wiedersehn.
Ulrike:	Hoffentlich sehen wir uns bald wieder.

ZUSAMMENFASSUNG DER VOKABELN -- KAPITEL 2

der Abend, -e	evening
ab.lehnen etwas	to reject, turn down
ab.raten jdm, etwas zu tun	to discourage sb. from doing sth.
ab.raten jdm von riet, geraten	to advise sb. against
an.blicken jdn/etwas	to look at intensely
an.nehmen jdn/etwas nahm, genommen	to accept sb./sth.
an.rufen jdn rief, gerufen	to call sb. on the telephone
auf.hören, etwas zu tun	to stop doing sth.
bedanken sich$_a$ bei für	to thank sb. for
der Bekannte, -n ein Bekannter	friend, acquaintance
bekommen etwas bekam, bekommen	to receive sth.
berühren jdn/etwas	to touch sb./sth.
besuchen jdn/etwas der Besuch, -e der Besucher, -	to visit sb./sth. visit visitor
die Blume, -n	flower
der Braten, -	roast meat
danken jdm für	to thank sb. for
ein.laden jdn lud, geladen	to invite sb.
die Einladung, -en	invitation
die Eltern (pl)	parents
erhalten etwas erhielt, erhalten	to receive sth.

erschrecken jdn erschreckte, hat erschreckt	to frighten sb.
erschrecken erschrak, ist erschrocken	to get frightened
erwarten jdn/etwas	to expect sb./sth.
die Fahne, -n	flag
die Flasche, -n	bottle
freuen sich_a über **freuen sich_a auf**	to be happy about to look forward to
der Gast, -"e **der Gastgeber, -** **die Gastgeberin, -nen**	guest host hostess
der Geburtstag, -e	birthday
das Geschenk, -e	present
gratulieren jdm zu	to congratulate sb. on
die Großeltern (pl.)	grandparents
helfen jdm half, geholfen	to help sb.
das Jahr, -e	year
kennen.lernen jdn/etwas	to meet, get to know sb./sth.
kriegen etwas	to get, receive sth.
die Minute, -n	minute
der Monat, -e	month
die Nacht, -"e	night
nähern sich_a jdm/etwas	to come closer to sb./sth.
der Neffe, -n	nephew
die Nichte, -n	niece

der Onkel, -s	uncle
schenken jdm etwas	to give sb. a present
die Stube, -n	room
die Stunde, -n	hour
der Tag, -e	day
die Tante, -n	aunt
treffen jdn treffen sich$_a$ mit traf, getroffen	to meet sb. to meet with sb.
der Turm, -¨e	tower
verabschieden sich$_a$ von	to say good-bye to
die Verwandten (pl.)	relatives
vor.stellen jdn/sich$_a$ jdm	to introduce oneself to sb.
warten auf jdn/etwas	to wait for
der Wein, -e	wine
die Woche, -n	week
das Wochenende, -n	weekend

der Onkel, -s | uncle
schenken j-m etw. | to give sb. a present
die Probe, -n | prom
die Stunde, -n | hour
der Tag, -e | day
die Tochter, " | aunt
treffen (trifft), traf, | to meet sb.
hat/ist getroffen, sich mit | to meet with sb.
traf, getroffen
der Turm, -e | tower
verabschieden, hat, sich von | to say good-bye to
die Verwandten (pl.) | relatives
vorstellen j-n, stellt, j-m | to introduce oneself to sb.
warten auf, j-n/etw. | to wait for
der Wein, -e | wine
die Woche, -n | week
das Wochenende, -n | weekend

BERUF: TRAUM UND WIRKLICHKEIT

3

HÖRVERSTÄNDNIS 1: FRAGEN ZUR PERSON STELLEN

Bevor Sie sich die zwei Dialoge anhören, einige *wichtige Informationen*, die Ihnen helfen werden.

1. Jede Stadt hat nicht nur einen Namen, sondern auch eine Zahl oder Nummer, die **Postleitzahl**, die man als Teil der Adresse (= Anschrift) auf Briefe schreiben muß, z.B. 8580. Manchmal gibt es auch noch Postbezirke (*postal districts*).

   Das sieht dann zum Beispiel so aus:

   Frau Margarete Bernhold   (Name)
   Bayernring 15   (Straße und Hausnummer)
   8580 Bayreuth 2   (Postleitzahl, Stadt und
                                 Postbezirk)

2. Telefonnummern kann man so sagen:

   9 75 11   neun - sieben - fünf - eins - eins   **oder**

              neun - fünfundsiebzig - elf

3. Jeder Ort hat eine **Vorwahlnummer**; somit kann man den Telefonpartner direkt anwählen, z.B.

   (Vorwahlnummer) 0921/9 75 11 (Telefonnummer)

A. Hören Sie sich den Dialog an, und schreiben Sie die Information über Christian Menne in die Anschrift rechts.

B. Welche Information brauchten Sie nicht? Schreiben Sie sie auf.
   _____

C. Ulrike Lappe interessiert sich für eine Jugendgruppe. Zuerst muß sie einige Angaben zur eigenen Person machen. Hören Sie bitte zu, und notieren Sie die Informationen über sie.

   1. Name   _____

   2. Alter   _____

   3. Geburtsdatum   _____

4. Adresse _____

_____

5. Hobbys _____

6. Pläne _____

ZUM SELBSTSTUDIUM

A. Annette und Jürgen besuchen während der Sommerferien Freunde der Familie. Ihre Mutter gibt ihnen letzte Hinweise (*hints*) für gutes Benehmen (*behavior*).
Formen Sie Sätze mit Reflexivpronomen im Akkusativ oder Dativ.

BEISPIEL:

Wenn man ein Geschenk bekommt .../bedanken sich
Wenn man ein Geschenk bekommt, sollte man sich dafür bedanken.

1. Wenn ihr eingeladen werdet .../bedanken sich

_____

2. Bevor du dich zum Essen an den Tisch setzt .../waschen sich/die Hände

_____

3. Nach dem Essen .../putzen sich/die Zähne

_____

4. Bevor du dich ins Bett legst .../ausziehen sich

_____

5. Nach dem Schlafen .../kämmen sich

_____

6. Bei kaltem Wetter .../anziehen sich/warm

_____

7. Wenn ihr unbekannte Leute trefft .../vorstellen sich

_____

B. Eine hektische Morgenstunde ...
   Erzählen Sie in der Vergangenheit in der ich-Form. Wenn das sinnvoll ist, können Sie die Uhrzeit mit in den Satz einbauen.

BEISPIEL:

6:30   Mein Radio weckt mich. - Zeit zum Aufstehen.
Um halb sieben hat mich mein Radio geweckt. Es war höchste Zeit zum Aufstehen.

1. 6:35   sich heute nicht ganz wohl fühlen

_____

2. 6:40   sich überlegen, ob ich weiterschlafen soll

_____

3. 6:42   sich entscheiden, doch aufzustehen

_____

4. 6:45   sich duschen (*take a shower*) mit erfrischendem BADEDAS und sich (die Beine) rasieren

_____

_____

5. 7:00   sich anziehen und schnell die Haare kämmen

_____

6. Zehn Minuten später   sich eine Tasse Instant-Kaffee machen

_____

_____

7. Während des Kaffeetrinkens   sich die Morgenzeitung ansehen

_____

_____

8. 7:25   sich noch ganz schnell die Zähne putzen

_____

9. 7:30   sich beeilen müssen, weil der Bus um 7:35 abfährt

_____

C. Setzen Sie fehlende Reflexiv- und Personalpronomina im richtigen Kasus ein.

1. Nach der Party bedankten _____ die Gäste für den netten Abend.

2. Markus, ich möchte _____ zu meiner Geburtstagsparty einladen.

3. Ich gratuliere _____ recht herzlich zu deinem tollen Job, Sybille.

4. Wir freuen _____ schon sehr auf die neue Wohnung.

5. Hannelore, darf ich _____ meinen Vater vorstellen?

6. Kennt ihr euch schon? - Ja, wir haben _____ kürzlich bei einem Rockkonzert kennengelernt.

7. Die Gäste haben ein kleines Geschenk mitgebracht. Was sagen Sie zu _____, wenn sie Ih_____ das Geschenk geben?

8. Ich bin manchmal mit _____ selbst unzufrieden.

9. Du solltest _____ bei dem kalten Wetter wärmer anziehen.

10. Setzt _____ doch an den Tisch beim Fenster!

D. Setzen Sie passende Verben von der Liste und Reflexivponomina ein.
   kaufen, kennenlernen, interessieren, entscheiden, wünschen

1. Ulrike und Kurt haben _____ in Köln _____.

2. Ich _____ _____ für nächstes Jahr eine größere Wohnung.

3. Richard will _____ ein neues Haus _____.

4. Hast du _____ schon für einen Beruf _____?

5. Für Fußball _____ ich _____ gar nicht.

- 64 -

E. Bilden Sie mit den folgen Verben jeweils zwei Sätze, einmal mit und einmal ohne Reflexivpronomen.

BEISPIEL:

verstehen sich mit jemandem/etwas   (die Mädchen - Präsens)

Die Mädchen verstehen sich wirklich gut miteinander.
Die Mädchen verstehen diese Frage nicht.

1. kaufen sich/jemandem etwas   (ich - Präsens)

   a. _____

   b. _____

2. wünschen sich/jemandem etwas   (Petra - Perfekt)

   a. _____

   b. _____

3. müssen - ändern sich/etwas   (wir - Futur)

   a. _____

   b. _____

4. wollen - ansehen sich/jemanden etwas (ich - Präteritum)

   a. _____

   b. _____

HÖRVERSTÄNDNIS 2: BERUFSBERATUNG

1. Hören Sie sich die Mini-Dialoge zunächst einmal an.

2. Nehmen Sie dann bitte die beiliegenden **Stellenangebote** (*listing of job openings*) zur Hand, und orientieren Sie sich auf der Seite, während Sie sich die Dialoge mehrmals anhören. Lesen Sie die Stellenangebote kursorisch (= schnell) nach der wichtigsten Information durch.

müssen allerdings auch mit Konkurrenz rechnen.
Vor allem bei der Besetzung leitender Positionen

NEUE POSITIONEN

In dieser Ausgabe finden Sie folgende Rubriken:

Ärzte/Gesundheitswesen	Management
Ausbildung/Pädagogik	Marketing
Außendienst	Nachwuchs
Chemiker	Personalarbeit
Datenverarbeitung	Sozialarbeit
Ingenieure	Staats-/Öffentl. Dienst
Journalisten	Werbung und PR
Kaufleute	Verschiedene
Kultur	

ÄRZTE/GESUNDHEITSWESEN

Wir suchen zum nächstmöglichen Termin

Röntgenassistent(in)

mit langjähriger Berufserfahrung, Interesse an selbständiger Tätigkeit und Bereitschaft zur Mitentwicklung neuer spezieller röntgenologischer Untersuchungsmethoden im Rahmen eines mehrjährigen interdisziplinären Forschungsprojekts an einer westdeutschen Universität.

Entsprechend der Bedeutung der Aufgabe und der erforderlichen beruflichen Qualifikation erfolgt die Vergütung nach BAT Vb oder IVb. Zusätzliche Altersversorgung sowie sämtliche Sozialleistungen des öffentliches Dienstes. Geregelte Arbeitszeit, 5-Tage-Woche. Kein Nacht- oder Wochenenddienst.

Bewerbungen mit den üblichen Unterlagen erbeten an: Prof. Tillmann, Institut f. Kommunikationsforschung und Phonetik, 53 Bonn, Adenauerallee 98a

---

PHYWE Zu dem Produktionsprogramm des Geschäftsbereichs medizinisch-technische Geräte unseres Unternehmens gehören hochwertige optisch-elektronische Geräte für eine neue Arbeitstechnik in der medizinischen Forschung. Zur Betreuung dieser neuentwickelten Produkte suchen wir qualifizierte Kräfte.

Mediziner/Biologe

als wissenschaftlicher Mitarbeiter.

Seine selbständige Tätigkeit soll darin bestehen, daß er die speziellen Probleme unserer Kunden aufgreift und anwendungstechnische Lösungen erarbeitet. Er soll wissenschaftliche Unterlagen schaffen, die Fachberater schulen und Informationskurse für unsere Kunden leiten. Für diese Position ist ein abgeschlossenes Hochschulstudium Voraussetzung.

Bewerbungen erbitten wir an unsere Personalabteilung.

PHYWE AKTIENGESELLSCHAFT, 34 Göttingen, Postfach 665, Ruf: 0551/6 10 51

An der Heilerziehungs- und Pflegeanstalt Scheuern in 5408 Nassau/Lahn ist die Stelle eines(r)

hauptamtlichen Psychologen(in)

neu zu besetzen.

Die Heilerziehungs- und Pflegeanstalt, in der Nähe von Koblenz gelegen, ist in einem Prozeß der Umstrukturierung zu einem heilpädagogischen Zentrum begriffen und wird in ihrer Endplanung 600 Betten umfassen.

Im Rahmen der Erweiterung und Differenzierung unserer Arbeit suchen wir eine(n) erfahrene(n) Psychologen(in), der (die) innerhalb einer Arbeitsgemeinschaft von Fachärzten und Heilpädagogen mitzuwirken bereit ist.

Diese Mitarbeit erstreckt sich vorwiegend auf: die Diagnostik von Kindern und Jugendlichen, die Aufstellung von Therapieplänen und die Mitarbeiterausbildung.

Bewerbungen erbittet die Direktion der Heilerziehungs- und Pflegeanstalt Scheuern in 5408 Nassau/Lahn, Telefon Nassau 02604/213.

Arzthelferin
Staatl. geprüfte Gymnastiklehrerin
Krankenschwester

für Kinderheilstätte zum 1. 1. 1972 oder nach Vereinbarung gesucht.

Bezahlung entsprechend BAT.

Bewerbungen sind zu richten an die Verwaltung des Caritas-Hauses Feldberg/Schwarzwald, 7821 Feldberg 3, Tel.: 217

Das Südwestdeutsche Rehabilitationszentrum für Kinder und Jugendliche Neckargemünd bei Heidelberg sucht einen

Leitenden Dipl.-Psychologen

Das Zentrum wird etwa 1000 behinderten Kindern und Jugendlichen schulische und berufliche Bildung, medizinische, psychologische, psychotherapeutische und sozialpädagogische Betreuung bieten.

Der Leiter des psychologischen Dienstes muß nicht nur zur interdisziplinären Zusammenarbeit befähigt sein, sondern auch Entwicklungsarbeiten in seinem Fachgebiet (insbesondere der Psychodiagnostik und Therapieforschung behinderter Kinder) durchführen können.

Da er die Planung wesentlich mitzutragen hat, sollte er seine Tätigkeit schon 1972 aufnehmen.

Dotierung und Sozialleistungen entsprechen der überdurchschnittlichen Verantwortung.

Bewerbungen mit den üblichen Unterlagen erbitten wir an den Träger der Einrichtung:
STIFTUNG REHABILITATION — Personalabteilung — 6900 Heidelberg 1, Postfach 306, Tel. 06221/527

ten, wenn sie sich zur Lehrtätigkeit an höheren Schulen entschließen. *Klaus-Peter Schmid*

probation erteilt. Die Anfangsgehälter für Apotheker liegen etwas über 2000 Mark.

– NEUE AUFGABEN

Schwester

examiniert, nach Berlin-Grunewald ab 8. Januar 1972 gesucht. Hohe Bezahlung, geregelte Arbeitszeit, auf Wunsch schönes Zimmer.

Anruf erbeten unter 0311/8 86 90 32 oder schriftlich an **Klinik für kosmet. Chirurgie Dr. Meyburg,** 1 Berlin 33, Wangenheimstraße 32

AUSBILDUNG / PÄDAGOGIK

Junger, erfolgreicher Lernmittel-Verlag in Hamburg sucht zum 1. 1. 1972 oder später eine(n)

Lektor(in)

zur Erweiterung des Fachbereichs „Kaufmännische Fortbildung". Ein wirtschaftswissenschaftliches Studium (Betriebswirtschaft, Wirtschaftspädagogik) und Verlagserfahrung, Interesse für Erwachsenenbildung und moderne Unterrichtsmedien würden Ihren Start bei uns erleichtern. Mitbringen müssen Sie auf jeden Fall geistige Beweglichkeit und den Willen zur eigenen Weiterbildung.

Die abwechslungsreiche, weitgehend selbständige Tätigkeit (mit unseren Autoren müssen Sie verhandeln!) ist sehr gut dotiert. Wir zahlen 13 Monatsgehälter, haben gleitende Arbeitszeit und eine 4½-Tage-Woche.

Bitte richten Sie Ihre Kurzbewerbung oder telefonische Anfrage direkt an Herrn **Dr. Eberhard Jobst, HAMBURGER FERN-LEHRINSTITUT** Walter Schultz KG, 2000 Hamburg 73, Postfach 73 03 33, Tel. 0411/6 77 30 11

Staatlich anerkanntes math.-nat. Gymnasium in süddt. Kleinstadt sucht für sofort oder später

Fachlehrer

beliebiger Fächerkombinationen. Arbeits- und Wirtschaftsbedingungen besser als an öffentlichen Schulen.

Angebote (auch Ausländer) erbeten unter ZG 6552 an DIE ZEIT, 2 Hamburg 1, Pressehaus

Die Deutsche Schule Bombay sucht zum 1. 7. 1972 einen

Realschullehrer

mit den Hauptfächern Mathematik und Physik.

Voraussetzung: 2 Jahre Dienst in einem Bundesland oder in Berlin. Bewerbungen müssen über das zuständige Kultusministerium gerichtet werden an das **BUNDESVERWALTUNGSAMT** – Zentralstelle für das Auslandsschulwesen – 5 Köln, Habsburgerring 9.

Die Zentralstelle erteilt außerdem Auskünfte über Anstellungs-, Ausreiserichtlinien etc.

Deutsche Schule Bombay, 76, B. Desai Rd., Bombay-26 Indien.

Die beiden erzbischöflichen Institutionen des Zweiten Bildungsweges in Neuß (Friedrich-Spee-Kolleg und Abendgymnasium) suchen

Fachlehrer

vor allem für Mathematik und Naturwissenschaften. Bei uns werden Studierende, die an einer Berufsausbildung die Hochschulreife erwerben wollen, in 5 bzw. 8 Semestern ausgebildet. Die Studierenden kommen aus allen Ländern der Bundesrepublik und sind durchschnittlich 22 Jahre alt.

Wir bieten: rechtliche Stellung, Gehalt, Beihilfen usw. wie bei vergleichbaren Beamten bzw. Angestellten des öffentlichen Dienstes, wöchentlich 20 Pflichtstunden, eine gute Wohnung in der Nähe der Schule.

Wir erwarten: überdurchschnittliche Fachkenntnisse, Erfahrung im Unterrichten, Aufgeschlossenheit für die Besonderheiten der Erwachsenenbildung.

Bewerbungen mit den üblichen Unterlagen erbitten wir an die Leitung des **Erzbischöflichen Friedrich-Spee-Kollegs,** 404 Neuß, Paracelsusstraße 8

Akademie der politischen Erwachsenenbildung (Obb.) sucht zum baldigen Eintritt einen

hauptamtlichen Leiter

Unerläßliche Voraussetzungen sind neben einer überdurchschnittlichen wissenschaftlichen und pädagogischen Qualifikation und einer Berufserfahrung im Bereich der Erwachsenenbildung eine politische Grundhaltung und ein politisches Engagement im Sinne der sozialen Demokratie.

Richten Sie bitte Ihre Bewerbung an: **Georg-von-Vollmar-Akademie,** 8 München 22, Zweibrückenstraße 2

Wir wollen unsere

Redaktion Mathematik

verstärken und suchen deshalb einen Mitarbeiter, der als Redakteur die Bereiche Grund- und Hauptschule sowie die Sekundarstufe I betreut.

Unser neuer Redakteur sollte über Kenntnisse der modernen Mathematik verfügen und bereit sein, sich mit den neuesten methodisch-pädagogischen Erkenntnissen auseinanderzusetzen.

Wir denken an einen Mitarbeiter, der bereits im Schuldienst tätig war und Unterrichtserfahrungen besitzt. Damen und Herren stehen die gleichen Chancen offen.

Ausführliche Bewerbungen mit Lebenslauf, Zeugnissen, Lichtbild und Gehaltswünschen richten Sie bitte an **Verlag Moritz Diesterweg** – Personalabteilung – 6000 Frankfurt 1, Hochstraße 31

Fortsetzung nächste Seite

3. Beantworten Sie erst dann die Fragen so vollständig
      (*complete*) wie möglich. Sie brauchen also drei
      Komponenten:
      - den gehörten Text,
      - den kursorisch gelesenen Text, und
      - ein bißchen Phantasie und gutes Mitdenken!

A. 1. Für welche Stelle könnte sich Herr Droste aus Dialog 1
      bewerben?

   2. Ist seine frühere Arbeit in der Erwachsenenbildung für
      diese Position nötig?

B. 1. Frau Kausen in Dialog 2 interessiert sich für Arbeit
      in einem Verlag (*publishing house*). Woran sollte sie
      noch interessiert sein, wenn sie sich bei dem Verlag
      Diesterweg bewerben möchte?

   2. Sagen wir, Frau Kausen hat Mathematik studiert. Nach
      ihrem Mathematikstudium hat sie als Programmiererin
      bei einer Computerfirma gearbeitet. Ist sie damit die
      ideale Mitarbeiterin, die sich der Verlag wünscht?

C. 1. Herr Schubert in Dialog 3 ist primär am
      Auslandsunterricht an einer deutschen Schule in
      Amerika interessiert. Trifft die angebotene Stelle
      seine Wünsche?

   2. Er hat außerdem gute Kenntnisse in Mathematik. Wo
      könnte er sich noch bewerben, wenn er sich trotzdem
      verändern will und das Ausland für ihn nicht so eine
      große Rolle spielt?

D. Bevor Sie Dialog 4 anhören, denken Sie daran, wer Wilhelm
   Röntgen ist: er erhielt 1901 als erster den Nobelpreis
   für Physik und ist der Entdecker der Röntgenstrahlen
   (*x-rays*).

   1. Wo und in was für einem Institut würde Frau Siebert
      arbeiten, wenn sie die Stelle bekommt?

   2. Was für Arbeitsbedingungen (*conditions*) würde sie
      finden?

E. 1. Hat Herr Vogt in Dialog 5 richtige Informationen über die Stadt?

2. Wie könnte er sich *am schnellsten* über die Stelle informieren?

F. 1. Hören Sie Dialog 6 an. Wann ist die Stelle als Krankenschwester frei?

2. Ist das Caritas-Haus ein Krankenhaus, in dem Frau Senns kranke Mutter behandelt (*treated*) werden könnte?

G. 1. Im letzten Dialog sucht Herr Großmann eine neue verantwortliche Stellung. Könnte er sich auch noch bei einer anderen Organisation bewerben?

2. Er wohnt seit mehreren Jahren mit seiner Familie in einem Vorort von Heidelberg, wo sich alle sehr wohl fühlen. An welche Stelle wird er sich wahrscheinlich zuerst wenden?

HÖRVERSTÄNDNIS 3 (optional): VOLLJÄHRIG UND ZU HAUSE WOHNEN?

A. Hören Sie zuerst die Meinung von Schülern. Finden Sie dabei Antworten zu den Fragen.

1. Wie alt ist die erste Schülerin?

2. Möchte sie weiterhin zu Hause wohnen?

3. Welchen Vorteil sieht sie darin, zu Hause zu wohnen?

4. Was sollte man in der Meinung des ersten Schülers nicht machen, wenn man studiert?

5. Warum sollte man in der Studienzeit dorthin gehen, wo es "schön" ist?

6. Warum müssen in der Meinung der zweiten Schülerin viele zu Hause wohnen?

7. Was sollte man in der Meinung des ersten Schülers machen, wenn die Eltern nicht bereit sind, alles zu bezahlen?

8. Was meint der letzte Schüler dazu?

B. Hier unterhalten sich drei Studentinnen über die Frage, ob man während des Studiums zu Hause wohnen soll oder nicht. Finden Sie die wichtigsten Argumente zum Thema Selbständigkeit heraus, und schreiben Sie diese auf. Die erste Studentin (Rita Koll) ist von zu Hause ausgezogen. Die zweite Studentin (Petra Bruch) wohnt zu Hause, weil es ihr finanziell nicht möglich war, eine eigene Wohnung zu mieten. Die dritte Studentin (Heike Anders) wohnt gern noch zu Hause.

1. Rita:

2. Petra:

3. Heike:

ZUM LESEVERSTÄNDNIS (optional): BERUFLICHE FÄHIGKEITEN

Auf den folgenden Seiten haben Sie Gelegenheit, für Berufe wichtige Fähigkeiten etwas näher kennenzulernen und sich selbst mit Checklisten einzuschätzen.

STEP
für Abiturienten

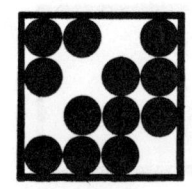

Logisches Denken

Aus der Folge der Figuren auf der linken Seite kann man eine bestimmte Regel finden. Setzen Sie die Reihe mit einer der fünf danebenstehenden Figuren fort. Nur *eine* der Figuren ist die richtige Lösung. Markieren Sie die gefundene Lösung.

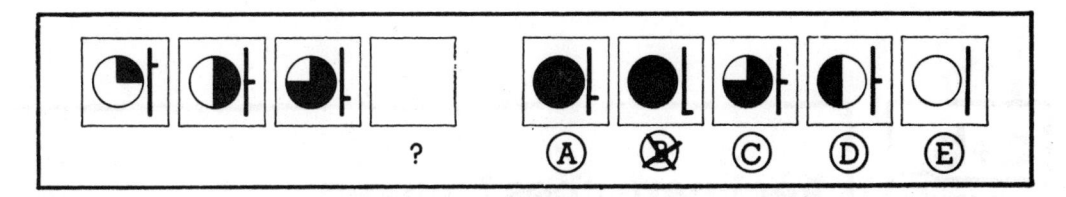

Mit Figur Ⓑ wird die Reihe folgerichtig fortgesetzt. – Der schwarze Anteil des Kreises nimmt nach rechts hin jeweils um ein Viertel zu, der waagerechte Strich an der Senkrechten bewegt sich jeweils um ein Viertel nach unten.

Aufgabe 4

Aufgabe 5

Aufgabe 6

Lösungen:

4 D, 5 C, 6 C.

Schätzen Sie jetzt Ihr „Logisches Denken" selbst ein. Denken Sie auch an Erfahrungen aus der Schule.

„Logisches Denken" fällt mir

eher schwer	mittel	eher leicht
☐	☐	☐

Sprachliches Denken

Ist es für Sie leicht, in einem Gespräch auch schwierige Dinge einfach und verständlich zu präsentieren? Können Sie auch längere Texte in der Regel gut zusammenfassen? Sind Sie sprachlich in guter Form und haben Sie einen großen Wortschatz? Bei einer Reihe von Berufen wird dies besonders gefordert.

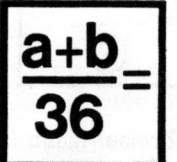

Rechnerisches Denken

Unter dieser Fähigkeit versteht man unter anderem, daß man Rechenprinzipien analysieren kann; das sichere, fehlerfreie, schnelle Umgehen mit Zahlen - zum Beispiel für Maße und Preise - das Rechnen einfacher aber auch komplexer Aufgaben.

Versuchen Sie, die folgenden 4 Textaufgaben im Kopf in 2 Minuten zu rechnen.

Aufgabe 1

Zwei Brüder sind zusammen 47 Jahre alt, sie sind 9 Jahre auseinander. Wie alt ist der ältere Bruder?

Aufgabe 2

Wenn 3 1/2 kg Rehfleisch DM 105,- kosten, was kostet 1 1/2 kg?

Aufgabe 3

Ein Blech von 7 m Breite und 9 m Länge soll um 1/6 der Fläche verkleinert werden. Wieviel qm bleiben?

Aufgabe 4

In einer 51-köpfigen Schülergruppe kommen auf 2 Jungen 1 Mädchen. Wieviel Mädchen sind in der Gruppe?

Die folgenden Zahlenreihen sind nach einer bestimmten Regel aufgebaut.

| 14 | 16 | 15 | 17 | 16 | 18 | *17* | *19* |

Mit welchen Zahlen muß eine Reihe fortgesetzt werden? Finden Sie die Regel heraus und berechnen (bestimmen) Sie die beiden richtigen Zahlen. Lösen Sie diese Aufgabe im Kopf, ohne etwas zu notieren.

Im Beispiel sind 17 und 19 die Zahlen, die die Reihe richtig fortsetzen, denn die Regel heißt bei dieser Aufgabe, abwechselnd 2 addieren und 1 subtrahieren.

Aufgabe 5

| 7 | 14 | 13 | 20 | 19 | 26 | __ | __ |

Aufgabe 6

| 1 | 3 | 2 | 6 | 5 | 15 | __ | __ |

Aufgabe 7

| 8 | 6 | 9 | 18 | 16 | 19 | __ | __ |

Lösungen: 1. 28 Jahre, 2. 45,- DM, 3. 52,5 qm, 4. 17 Mädchen, 5. 25, 32, 6. 14, 42, 7. 38, 36

– 73 –

Checkliste

	fällt mir eher schwer	eher leicht
beim Einkaufen sofort zu überprüfen, ob die Verkäuferin die richtigen Preise berechnet hat	○	○
beim Einkaufen den Gesamtpreis der Waren zu überschlagen	○	○
mich bei Aufgaben nicht zu verrechnen	○	○
in einem ausländischen Urlaubsland die dortige Währung in DM umzurechnen	○	○
Rechenaufgaben anderen Menschen, die damit Schwierigkeiten haben, gut zu erklären	○	○
in Mathematik gute Leistungen zu erbringen	○	○
Kopfrechnen	○	○

Schätzen Sie jetzt zusammenfassend Ihr „Rechnerisches Denken" selbst ein. Berücksichtigen Sie außer Ihren hier gegebenen Antworten auch weitere Erfahrungen.

„Rechnerisches Denken" fällt mir

eher schwer	mittel	eher leicht
☐	☐	☐

Einfallsreichtum

Es werden in Zukunft in allen Lebenssituationen immer mehr neue Ideen gefordert, z.B. technische Neuerungen zu erfinden, oder in Theorie und Praxis neue Entwicklungen zu beginnen. In vielen Berufen sind daher Menschen gesucht, die in hohem Maß die Fähigkeit besitzen, viele neue Einfälle zu produzieren (z.B. beim Sprechen, beim Rechnen, beim Arbeiten mit Materialien) oder beim Lösen von Problemen neue Ideen zu entwickeln.

Aufgabe 4 Versuchen Sie, sich in 2 Minuten mindestens 2 unterschiedliche Geschichten auszudenken, in denen jeweils die 5 abgebildeten Personen und Gegenstände enthalten sind.

Viele neue „Einfälle" zu produzieren fällt mir		
eher schwer	mittel	eher leicht
☐	☐	☐

Kontaktsicherheit

„Kontaktsicherheit" zeigt sich im sicheren Umgehen mit bekannten aber auch mit fremden Menschen. Besonders gefragt ist die Sicherheit im Umgang mit Menschen vor allem in den Berufen, in denen man mit Personen Gespräche führen, ihnen etwas erklären, sie beraten oder mit ihnen verhandeln muß.

Situation 1: Stellen Sie sich einmal vor: Ihre Klasse fährt mit der Bahn zur Besichtigung einer Ausstellung in eine andere Stadt. Der Zug ist so stark besetzt, daß Sie nicht zusammen mit Ihren Klassenkameraden, sondern mit fremden Leuten im Abteil sitzen.

Was werden Sie wahrscheinlich tun? Lesen Sie die folgenden Reaktionen erst durch, bevor Sie ankreuzen.

a) Ich werde die ganze Fahrt über lesen. ◯

b) Ich werde mir die Leute der Reihe nach ansehen und jemanden ansprechen. ◯

c) Ich werde während der Fahrt lieber die Landschaft draußen ansehen als mit den fremden Leuten ein Gespräch zu suchen. ◯

d) Wenn mich jemand von den Mitreisenden etwas fragt, werde ich höchstens kurz antworten. ◯

e) Ich werde etwas anderes tun, und zwar:
_____
_____

Situation 2: Stellen Sie sich vor: Sie sind morgens in der Schule von Freunden eingeladen worden, am Abend zu einer größeren Fête zu kommen. Es soll um sieben Uhr losgehen. Sie gehen allein hin und kommen gegen acht Uhr dort an. Viele Leute **sind** bereits da, von denen Sie jedoch niemand kennen. Die meisten sitzen in kleinen Gruppen zusammen und unterhalten sich. Sie selbst stehen noch vor der Tür.

a) Ich werde wohl wieder nach Hause gehen, weil es mir allein keinen Spaß macht. ◯

b) Ich werde mich zu einer der Gruppen dazusetzen und mal zuhören. ◯

c) Ich werde mich zuerst einmal eine Zeitlang im Hintergrund halten und bin froh, wenn keiner etwas von mir will. ◯

Was werden Sie wahrscheinlich tun?
Lesen Sie die folgenden Reaktionen erst
durch, bevor Sie ankreuzen.

d) Ich werde zu jemanden, der mir gefällt, hingehen und mich mit ihm/ihr unterhalten.	○
e) Ich werde etwas anderes tun, und zwar: _____ _____	

Checkliste

	fällt mir eher schwer	leicht
vor der Klasse zu sprechen	○	○
auf einer Party etwas zur Unterhaltung der Gäste beizutragen	○	○
mit dem Schuldirektor über Probleme zu reden	○	○
bei einer Abschlußfeier vor Lehrern und Eltern eine Rede zu halten	○	○
mit Fremden ungezwungen und freundlich zu reden	○	○
im Unterricht nachzufragen, wenn ich etwas nicht verstanden habe	○	○
sicher und gelassen mit einem Verkäufer zu verhandeln	○	○
bei einer Universitätsbesichtigung dem anwesenden Rektor Fragen zu stellen	○	○
einen Arbeitskreis in der Klasse zu leiten	○	○
mich in einer Diskussion auf jemanden einzustellen, der meine Ansichten nicht teilt	○	○
mich auf einer Abendgesellschaft zwischen weitgehend fremden Leuten sicher zu bewegen	○	○

Schätzen Sie jetzt zusammenfassend Ihre „Kontaktsicherheit" selbst ein. Vielleicht sind Ihnen beim Bearbeiten der Checkliste noch andere Situationen neu eingefallen, bei denen es auf Kontaktsicherheit gegenüber bekannten, besonders aber fremden Menschen gegenüber ankommt. Berücksichtigen Sie auch solche Erfahrungen aus dem Bereich der Schule, des Schulwegs, des Urlaubs und der sonstigen Freizeittätigkeiten.

Aufgaben, bei denen es auf „Kontaktsicherheit" ankommt, fallen mir

eher schwer	mittel	eher leicht
☐	☐	☐

Räumliches Vorstellen

Bei einer großen Zahl von Berufen ist es nötig, daß man sich dreidimensionale Körper mit Hilfe einer Beschreibung oder einer zweidimensionalen Darstellung vorstellen kann.

„Räumliches Vorstellen" fällt mir

eher schwer	mittel	eher leicht
☐	☐	☐

Übersicht

1. Markieren Sie in dieser Übersicht Ihre besonderen Begabungsschwerpunkte durch ein Pluszeichen, Ihre schwach ausgeprägten Fähigkeiten durch ein Minuszeichen.

2. Orientieren Sie sich dann an den Berufsrichtungen der entsprechenden Felder und streichen die Beispiele an, die Ihnen interessant erscheinen.

	Logisches Denken	Mathematiker, Informatiker, Physiker, Philosoph, Soziologe, Mediziner, Psychologe, mathem.-techn. Assistent, Ingenieure, Chemiker, Biologe, Laborantenberufe, Ausbildungsberufe im Elektrobereich.
	Sprachliches Denken	Dolmetscher, Übersetzer, Lehrer, Psychologe, Journalist, Schauspieler, Dramaturg, Werbetexter, Verwaltungsbeamter, Rechtsanwalt, Richter, Staatsanwalt, Lektor, Diplomatischer Dienst, Kaufmännische Ausbildungen.
	Rechnerisches Denken	Kaufmännische Ausbildungen, Ausbildungen im Metall- und Elektrobereich, Naturwissenschaftl.-techn. Assistenten, Ingenieure, Mathematiker, Informatiker, Datenverarbeitungsfachleute, Beamter in der Finanzverwaltung, Steuerberater, medizinisch-technischer Laboratoriumsassistent, Naturwissenschaftler, Statistiker, Wirtschaftswissenschaftler, Augenoptiker.
	Räumliches Vorstellen	Architekt, Bauingenieur, Maschinenbau-Ingenieur, Geowissenschaften, Arzt, Zahnarzt, Tierarzt, Biologe, Chemiker, Physiker, Goldschmied, medizinisch-technischer Laboratoriumsassistent, Technischer Zeichner, Bauzeichner, Augenoptiker, Fotograf, Kameramann, Pilot, Innenarchitekt, Designer.
	Einfallsreichtum	Mathematiker, Informatiker, Physiker, Maschinenbau-Ingenieur, Designer, Werbefachmann, Pädagoge, Lehrer, Künstler, Architekt, Sozialpädagoge, Schauspieler, Bildhauer, Fotograf, Journalist, Regisseur.
	Hand- und Fingergeschick	Zahnarzt, Arzt, Zahntechniker, Goldschmied, Ingenieur für Feinwerktechnik, Restaurator, Tischler, Töpfer, Biologielaborant, Beschäftigungstherapeut, Augenoptiker, Friseur, Maskenbildner.
	Kontaktsicherheit	Arzt, Psychologe, Soziologe, Bauingenieur, Dolmetscher, Lehrer, Sozialarbeiter, Erzieher, kaufmännische Berufe, Hotel- und Gaststättengewerbe, Richter, Staatsanwalt, Rechtsanwalt, Logopäde, Krankengymnast, Altenpfleger, Beschäftigungstherapeut, Schauspieler, Friseur, Augenoptiker.

RESULTAT: BERUFLICHE FÄHIGKEITEN

Nachdem Sie Ihre beruflichen Fähigkeiten eingeschätzt haben, sollten Sie folgende Prinzipien bedenken:

Stärken und Schwächen
* mit Ihren Stärken zu arbeiten,
* Ihre Schwächen selbst realistisch einzuschätzen.

Kombination entscheidend
An anderer Stelle sprachen wir bereits davon, daß Berufe meist *mehrere* Fähigkeiten erfordern.
Daher kann eine *Kombination* durchschnittlich (*average*) gegebener Fähigkeiten unter Umständen sogar eine noch bessere Garantie für Berufserfolg sein als eine ungewöhnlich starke einzelne Fähigkeit.

Beispiele von Fähigkeitskombinationen

Die Kombination der drei Fähigkeiten

* Rechnerisches Denken und
* Räumliches Vorstellen und
* Hand- und Fingergeschick

wird nach Meinung von Experten z.B. bei folgenden Berufen gefordert:
Architekten, Goldschmiede, Zahntechniker, Industriedesigner, Maschinenbauingenieure, Biologen, Augenoptiker, Uhrmacher.

Die Kombination der drei Fähigkeiten

* Sprachliches Denken
* Rechnerisches Denken
* Kontaktsicherheit

wird z.B. bei folgenden Berufen gefordert:
Kaufmännische Berufe mit Kundenkontakt, Manager, Mediziner, Diplom-Handelslehrer, Psychologen, Lehrkräfte in Mathematik und Physik.

Wo stehen Sie bei der ganzen Sache? Welches sind Ihre besonderen Fähigkeitskombinationen? Welches scheinen Ihre Schwächen zu sein? Machen Sie eine Liste von beiden, und versuchen Sie dann ein paar Berufe zu identifizieren, die für Sie besonders gut passen.

1. Besondere Fähigkeiten:

2. Einige Schwächen:

3. Mögliche Berufe:

LÖSUNGEN

Textbuch, Seite 102, Übung A: 1:i, 2:k, 3:a, 4:j, 5:m, 6:o, 7:b, 8:g, 9:c, 10:d, 11:b.

ZUSAMMENFASSUNG DER VOKABELN -- KAPITEL 3

ab.hängen von hing, gehangen	*depend on*
das Abitur	*final exam at the end of high school*
der Abiturient, -en **die Abiturientin, -nen**	*high school graduate*
ab.schließen etwas schloß, geschlossen	*complete, close out, lock up*
der Abschluß, -"sse	*completion*
an.kommen auf jdn/etwas	*depend on sb./sth.*
die Ankunft, -"e	*arrival*

arbeiten	work
der Arbeiter, -	worker
der Arbeitgeber, -	employer
der Arbeitnehmer, -	employee
das Arbeitsamt, -"er	employment office
arbeitslos	unemployed
die Arbeitslosigkeit	unemployment
der Arbeitsmarkt, -"e	job market
die Arbeitsstelle, -n	position of employment
der Arzt, -"e	medical doctor
auf.geben etwas gab, gegeben	give up sth.
aus.bilden jdn	train sb.
die Ausbildung, -en	training
die Auskunft, -"e	information
aus.wählen jdn/etwas	chose, select sb./sth.
außerdem	besides, in addition
begabt sein für	be talented, gifted in
die Begabung, -en	talent
beklagen sich$_a$ bei jdm über	complain to sb. about sth.
belegen (ein Fach)	sign up for a course of study
der Beruf, -e	job, profession
beruflich	pertaining to a job
der Berufsberater, -	employment counselor
die Berufsberatung, -en	employment counseling service
die Beschäftigung, -en	job, past-time
beschäftigt	employed
der Beschäftigte, -n	employee
beschränken sich$_a$/etwas auf	limit oneself/sth. to
bevorzugen etwas	prefer sth.
bewerben sich$_a$ bei um bewarb, beworben	apply with sb. for sth.

der Bewerber, -	applicant
die Bewerbung, -en	application
die Dienstleistung, -en	service (in the service sector)
entscheiden sich_a für/gegen entschied, entschieden	decide for/against
die Entscheidung, -en	decision
erkundigen sich_a bei jdm nach	inquire with sb. about
der Facharbeiter, -	skilled laborer
fähig sein zu	be capable of
die Fähigkeit, -en	capability, ability
etwas fällt jdm leicht/schwer fiel, ist gefallen	sth. comes easy/is difficult for sb.
in Frage kommen	to be under consideration
nicht in Frage kommen	be out of the question
es geht um	it concerns, deals with
günstig	advantageous
halten jdn/etwas für hielt, gehalten	consider sb./sth. to be
etwas handelt sich_a um	sth. deals with, is concerned with
handwerklich	manual, pertaining to crafts
der Hilfsarbeiter, -	unskilled laborer
informieren sich_a bei über	get information from sb. about sth.
der Ingenieur, -e	engineer
interessieren sich_a für	be interested in
das Interesse, -n	interest
der Jugendliche, -n	a young person

der Kandidat, -en	*candidate*
die Kunst, -"e	*art*
künstlerisch	*artistic*
der Lebenslauf, -"e	*curriculum vitae, c.v.*
die Meinung, -en	*opinion*
musikalisch	*musical*
nach.denken über **dachte, gedacht**	*think/reflect about, consider*
der Nachteil, -e	*disadvantage*
passen zu	*go with sth., match, fit*
die Postleitzahl, -en	*zip code*
das Stipendium, -ien	*scholarship*
tätig sein bei	*be employed at/with*
technisch	*technical*
die Tochter, "	*daughter*
überlegen sich_d etwas **die Überlegung, -en**	*consider, ponder* *consideration, thought*
übrig.bleiben **blieb, ist geblieben**	*be left over*
um.gehen mit **der Umgang**	*deal with, associate with* *dealings*
unterhalten sich_a mit über **unterhielt, unterhalten**	*talk about sth. with sb.*
die Unterhaltung, -en	*conversation*
veranstalten etwas	*put on an event*
verändern sich_a	*change jobs*
die Verbindung, -en **setzen sich_a in Verbindung mit**	*connection* *get in touch with*

die Verwaltung, -en	*administration, governance*
die Vorliebe, -n	*preference*
vorstellen jdn/sich$_a$ jdm	*introduce oneself/sb. to sb.*
die Vorstellung, -en	*introduction*
vorstellen sich$_d$ etwas	*imagine sth.*
vorstellbar	*imaginable*
die Vorstellung, -en	*imagination*
der Vorteil, -e	*advantage*
wenden sich$_a$ an jdn	*turn to sb.*
wählen jdn/etwas	*chose sb./sth*
die Wahl, -en	*choice, selection, election*
werden sich$_d$ klar über	*make up one's mind about / become clear about*
wissenschaftlich	*scientific*
wünschen sich$_d$ etwas	*want sth.*
wünschen jdm etwas	*wish sb. sth.*

▪ FREIZEIT ▪

4

HÖRVERSTÄNDNIS 1: ÜBER PLÄNE SPRECHEN

A. Hören Sie sich bitte die beiden ersten Kurztexte an, und finden Sie die Antworten zu den Fragen unten.

   1. Was möchte die Sprecherin, Dorothea, heute abend machen und warum?

   2. Was muß sie machen, wenn sie nach Hause kommt?

   3. Was haben die verschiedenen Sprecher im zweiten Kurztext vor?

B. Hören Sie bitte den Text 3 an, und schreiben Sie ihn als Diktat. Selbstverständlich dürfen Sie die Kassette mehrmals anhören und auch während des Schreibens öfters anhalten. Die Lösung finden Sie am Ende des Kapitels.

_____

_____

_____

_____

_____

_____

C. Hören Sie nun noch die Kurztexte 4 und 5 an, und sammeln Sie dann aus allen bisher gehörten Texten **Redemittel** zu den folgenden **Intentionen**.

   1. **Pläne ausdrücken**

      BEISPIEL: Ich **möchte** ins Kino gehen
                  Ich **muß** ...

2. keine Pläne haben

3. Pläne nicht realisieren können

D. Das letzte Gespräch ist zwischen zwei Freundinnen; die erste Sprecherin heißt Beate, die zweite Barbara. Hören Sie bitte zu, und verbinden Sie dann die Satzteile auf der linken Seite (Zahlen) mit passenden Satzteilen auf der rechten Seite (Buchstaben).

1. Beate fragt,	a. daß es bei schönem Wetter auch zu Hause schön sein kann.
2. Barbara sagt,	b. daß die Ferien ihrer Eltern später sind als die eigenen.
3. Sie erklärt,	c. ob Barbara in Ferien fährt.
4. Sie meint aber,	d. daß sie mit ihren Eltern nach Österreich fährt.
5. Sie fragt Beate,	e. daß sie schönes Wetter haben wird.
6. Beate erzählt,	f. was sie in den Sommerferien macht.
7. Sie hofft,	g. daß sie zu Hause bleibt.

Die Antworten zu dieser Übung finden Sie am Ende des Kapitels im Übungsbuch.

ZUM SELBSTSTUDIUM

A. Bestimmen (*determine*) Sie, ob die Endungen der Artikel/ Possessivpronomina und Adjektive in den Phrasen unten markiert (+) oder unmarkiert (-) sind. Wenn kein Artikel/ Possessivpronomen gegeben ist, schreiben Sie "0".

BEISPIEL:

	Artikel	Adjektiv
eine fantastische Ausstellung	+	-
bei schlechtem Wetter	0	+

	Artikel	Adjektiv
1. mit besonderer Vorliebe		
2. unsere jungen Leute		
3. für manche attraktiven Berufe		
4. meine persönlichen Eigenschaften		
5. in der heutigen Bundesrepublik		
6. während seines juristischen Studiums		
7. ein halbes Jahr		
8. politische Wissenschaften		
9. andere Pläne		
10. auf eine große Reise		

B. Bestimmen Sie in den folgenden unvollständigen Phrasen, ob das gegebene Element (Artikel oder Adjektiv) markiert oder unmarkiert ist oder ob kein Element vor dem Nomen steht. Schreiben Sie dann die richtige Form des Wortes in die Lücke.

BEISPIEL: bei diesen _____ Möglichkeiten
(**beruflich**);

+ **bei diesen beruflichen Möglichkeiten**

1. mein _____ Wunsch (erst)

2. mit _____ jüngeren Bruder (ihr)

3. in seiner _____ Zeit (frei)

4. bei _____ Bekannten (nett)

5. _____ Kunst (modern)

6. ein _____ Beruf (wissenschaftlich)

7. nach _____ Überlegung (lang)

8. für _____ fabelhaften Sommerjob (ein)

9. unsere _____ Ferienpläne (gemeinsam)

10. trotz _____ Fragens (wiederholt)

C. Setzen Sie die richtigen Adjektivendungen ein.

1. a. das ganz___ Jahr   b. ein ganz___ Jahr
2. a. diesen nett___ Abend   b. ein nett___ Abend
3. a. in einem halb___ Monat   b. ein halb___ Monat
4. a. bei schlecht___ Wetter   b. wegen des schlecht___ Wetters
5. a. mit frisch___ Blumen   b. frisch___ Blumen
6. a. neu___ Häuser   b. bei den neu___ Häusern
7. a. mit dem eigen___ Auto   b. ein eigen___ Auto
8. a. ein schwierig___ Studium   b. für dieses schwierig___ Studium

D. Im Märchen „Dornröschen", auf den Seiten 71-74 im Textbuch, finden Sie viele Nominalphrasen mit und ohne Präposition. Suchen Sie im Märchentext mindestens acht solcher Phrasen.

BEISPIEL: (Präposition) + (Artikelwort) + Adjektiv + Nomen

                zu   einer   kleinen   Tür

1.
2.
3.
4.
5.
6.
7.
8.

E. Versuchen Sie, für diese Beispiele auch englische Äquivalente zu geben.

F. Setzen Sie Adjektive als Attribute ein.
(Die Antworten stehen in der rechten Spalte.)

			Zur Kontrolle
1. alt	ein sehr _____ Haus		-es
2. interessant	ein _____ Sport		-er
3. warm	der _____ Sommer		-e
4. letzt-	im _____ Jahr		-en
5. gut	kein _____ Film		-er
6. herzlich	mit _____ Grüßen		-en
7. laut	_____ Musik		-e
8. regnerisch	_____ Wetter		-es

9. groß _____ Interesse | -es

10. schlecht   diese _____ Verbindung | -e

11. neu   seine _____ Stelle | -e

12. nächst-   Ende _____ Woche | -er

13. technisch   für _____ Berufe | -e

14. ausländisch   der _____ Gast | -e

15. dunkel   in diesem _____ Zimmer | -en

G. Ein Stück aus dem Märchen „Dornröschen".

Setzen Sie fehlende Artikel- und Adjektivendungen ein. Dann vergleichen Sie mit dem Originaltext auf Seite 72 im Textbuch.

. . . Der König, der sein____ lieb____ Kind vor dem Unglück bewahren wollte, ließ den Befehl ausgeben, daß alle Spindeln im ganz____ Königreiche sollten verbrannt werden. An dem Mädchen aber wurden die Gaben d____ weis____ Frauen sämtlich erfüllt; denn es war so schön, sittsam, freundlich und verständig, daß es jedermann, der es ansah, liebhaben mußte. ...
. . . Da ging es allerorten herum, besah Stuben und Kammern, wie es Lust hatte, und kam endlich auch an ein____ alt____ Turm. Es stieg die eng____ Wendeltreppe hinauf und gelangte zu ein____ klein____ Tür. In dem Schloß steckte ein verrostet____ Schlüssel, und als es umdrehte, sprang d____ Tür auf, und da saß in ein____ klein____ Stübchen ein____ alt____ Frau mit einer Spindel und spann emsig ihren Flachs. ...

H. Ferienträume!
Bilden Sie Komparativ und Superlativ der Phrasen unten.

BEISPIEL: *Komparativ*   *Superlativ*

schöne Tage   <u>schönere Tage</u>   <u>die schönsten Tage</u>

1. billig reisen   _____   am _____

2. gut essen   _____   am _____

3. viel schlafen   _____   am _____

4. häufig ausgehen _____ am _____

5. beliebt sein _____ am _____

6. warmes Wetter _____ das _____

7. großer Spaß _____ der _____

8. hohe Berge _____ die _____

9. gern schwimmen _____ am _____

10. ein langer Urlaub _____ der _____

I. Setzen Sie Superlativformen in die Sätze ein.

1. schön   Das _____ Wochenende, das wir den ganzen Sommer verbracht haben, war bei unserer Oma in Ulm.

2. nahe   In _____ Umgebung gibt es viele hübsche alte Städtchen.

3. viel   Die _____ haben alte Fachwerkhäuser um einen zentralen Marktplatz.

4. gern   Am _____ hatte ich aber die Wanderung, die wir mit unseren Großeltern machen konnten.

5. gut   Wenn man miteinander wandert, kann man sich am _____ über alle möglichen Dinge unterhalten.

HÖRVERSTÄNDNIS 2: REISEAUSKUNFT EINHOLEN UND GEBEN

1. Die folgenden Dialoge zum Thema Reisen erwarten Vorinformation über geographische Fakten in der Bundesrepublik und über das Reisen mit der Bahn. Studieren Sie also ein bißchen die Karte:

Im Norden liegen die Städte Hamburg, Bremen und Hannover; suchen Sie auch, wo Berlin liegt. Im Nordwesten, also dem Rheinland und Ruhrgebiet, finden Sie die Städte Köln, Dortmund, Düsseldorf und die Bundeshauptstadt Bonn. Im Zentrum, an Rhein und Main, sind die Städte Mainz, Wiesbaden und Frankfurt. Im Süden und Osten findet man Mannheim, Heidelberg, Stuttgart, Würzburg, Nürnberg, München und Augsburg.

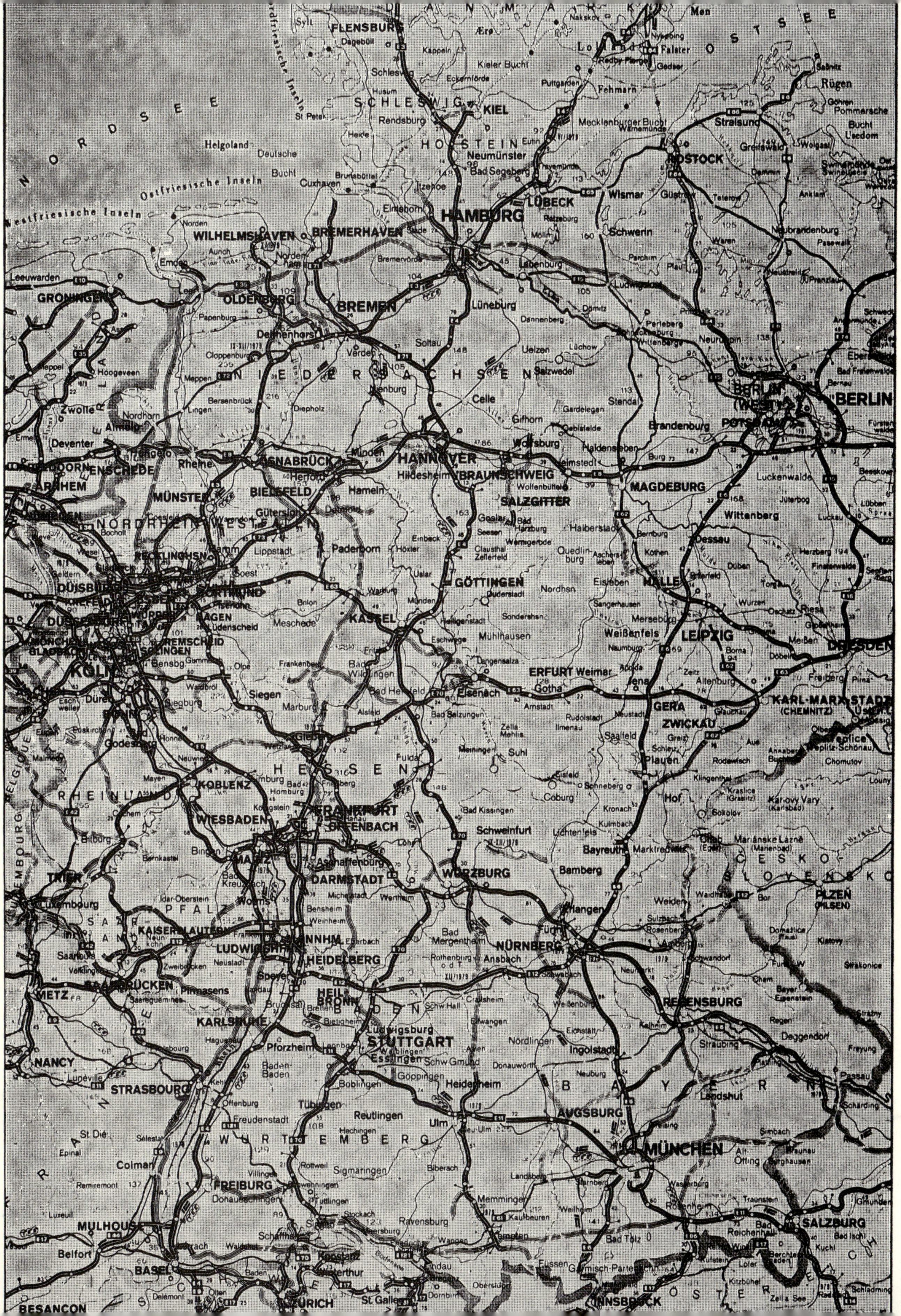

NORDSEE
OSTSEE
FLENSBURG
KIEL
SCHLESWIG
HOLSTEIN
Neumünster
Bad Segeberg
LÜBECK
HAMBURG
Rostock
Stralsund
Rügen
Wismar
Schwerin
Cuxhaven
WILHELMSHAVEN
BREMERHAVEN
OLDENBURG
BREMEN
Emden
GRONINGEN
Lüneburg
NIEDERSACHSEN
Celle
Uelzen
Salzwedel
Stendal
Wolfsburg
HANNOVER
BRAUNSCHWEIG
SALZGITTER
MAGDEBURG
BERLIN
POTSDAM
Brandenburg
OSNABRÜCK
BIELEFELD
MÜNSTER
Hameln
Hildesheim
Göttingen
GÖTTINGEN
Paderborn
Lippstadt
Halberstadt
Dessau
Wittenberg
HALLE
LEIPZIG
DUISBURG
DORTMUND
HAGEN
KASSEL
Eisleben
Weißenfels
Merseburg
DRESDEN
Meißen
Riesa
KÖLN
Bonn
Siegen
Marburg
ERFURT
Weimar
Gotha
Eisenach
Jena
GERA
ZWICKAU
KARL-MARX-STADT
(CHEMNITZ)
HESSEN
Gießen
Fulda
Suhl
Plauen
Hof
KOBLENZ
WIESBADEN
FRANKFURT
OFFENBACH
MAINZ
DARMSTADT
Aschaffenburg
Schweinfurt
WÜRZBURG
Bamberg
Bayreuth
Coburg
TRIER
Luxembourg
KAISERSLAUTERN
LUDWIGSHAFEN
MANNHEIM
HEIDELBERG
Erlangen
Fürth
NÜRNBERG
SAARBRÜCKEN
METZ
KARLSRUHE
Pforzheim
HEILBRONN
STUTTGART
Ludwigsburg
Esslingen
Ingolstadt
REGENSBURG
PLZEŇ
(PILSEN)
NANCY
STRASBOURG
Tübingen
Reutlingen
Ulm
AUGSBURG
MÜNCHEN
Landshut
Passau
WÜRTTEMBERG
BAYERN
Colmar
FREIBURG
Sigmaringen
Memmingen
Kempten
Ravensburg
MULHOUSE
BASEL
Konstanz
Bad Tölz
SALZBURG
Belfort
BESANCON
ZÜRICH
St. Gallen
INNSBRUCK

D 224 Wien-Oostende-Express

Wien Westbf - Linz - Passau - Nürnberg - Würzburg - Frankfurt (Main) - Mainz - Bonn - Köln - Aachen - Liège (G) - Brussel/Bruxelles - Oostende *(London)*

Wien Westbf - Passau
Frankfurt (Main) - Köln
Wien Westbf - Oostende (Wien Westbf - Koblenz als 🚋)
Wien Westbf - Oostende

„Ihr Zug-Begleiter" // "Your guide in the train"
unterrichtet Sie über Fahrplan und wichtige Anschlüsse dieses Zuges. Zugführer und Zugs- Ihnen gerne die Abfahrtgleise für Anschlußzüge von größeren Bahnhöfen und stehen Ihnen Auskünfte zur Verfügung. // Provides information about the schedule of this train and in tions. The train crew will inform you about the track number for connections at importa

Erläuterungen: // Explanations:
Die Bahnhöfe, auf denen der Zug seine Fahrtrichtung ändert, sind unterstrichen. // Name the train changes direction are underlined.
Die in der km-Spalte angegebenen Entfernungen zwischen den Haltebahnhöfen stimm den Entfernungen überein, nach denen die Fahrpreise berechnet sind. // The distances shown in the km-column are not always the same as distances used for the calculation some connecting trains a ticket by an indirect route is necessary.
Die in *Schrägschrift* angegebenen Orte werden vom Anschlußzug bzw. Kurswagen diesen Orten muß nochmals umgestiegen werden. // Places shown in italics are not se connecting train or through coach. Passengers to these destinations must change tr Bei den Anschlußzügen ist nicht immer der Endbahnhof der Züge angegeben. // In the the station shown is not always the destination station of the train concerned.

Zeichenerklärung: // Explanation of Signs:

- **TEE** – Trans-Europ-Express, nur 1. Klasse (TEE-Zuschlag erforderlich, Platzreservierung unentgeltlich) // 1st class only (TEE-supplementary charge, seat reservation free)
- **IC** – Intercity-Zug // Intercity-Train, 1. und 2. Klasse (IC-Zuschlag erforderlich, Platzreservierung unentgeltlich) // 1st and 2nd class (supplementary IC charge, seat reservation free)
- **FD** – Fern-Express, qualifizierter Schnellzug // Long distance Express, qualified Express Train
- **D** – Schnellzug // Express Train
- **E** – Eilzug // Semi Fast Train
- **S** – DB-Schnellbahnzug // DB-Urban railway
- Ohne Buchstaben – Zug des Nahverkehrs // Without any letter – Local Train
- **†** – an Sonn- und allgemeinen Feiertagen // runs on Sundays and Public Holidays only
- **✕** – an Werktagen // runs on weekdays only
- ① – Montag // Monday
- ② – Dienstag // Tuesday
- ③ – Mittwoch // Wednesday
- ④ – Donnerstag // Thursday
- ⑤ – Freitag // Friday
- ⑥ – Samstag (Sonnabend) // Saturday
- ⑦ – Sonntag // Sunday
- Ⓐ – ✕ außer ⑥ // on ✕ (weekdays) except Saturdays

- ⓑ – täglich außer ⑥ // Da
- ⑥ und † // Saturday and Holidays
- – Kurswagen // Throu
- – Schlafwagen // Slee
- – Liegewagen // Cou
- – Zugrestaurant // R Quick-Pick-Zugres Restaurant Car
- – Speisen und Getränke im Zug erhältlich // Light refreshments available on the train
- – Münz-Zugtelefon // Self-service telephone on the train
- – Grenzbahnhof mit Paß und Zoll // Frontier station with Passport and Customs
- – Paß und Zoll im fahrenden Zug // Passport and Customs at the running train
- – Omnibuslinie // Bus service
- – S-Verkehr zum Flughafen // S-railways to the airport
- – Umsteigen // Change of trains
- – wartet nicht bei Verspätung // Connection does not wait for delayed trains
- (200) – Streckennummer im Kursbuch // Table number of timetable

Weitere Zeichen siehe Fußnoten // For the explanation of other symbols see foot notes in the connections column.

Eine Gewähr für die Richtigkeit der Fahrplanangaben kann nicht übernommen werden. // No guarantee can be given for the exactness of the timetables.

FERN-EXPRESS – DIE URLAUBSZÜGE DER BAHN

Direkt bringen Sie diese Züge in die schönsten Urlaubsgebiete.

Bequem in der klimatisierten 1. Klasse, angenehm auch in der 2. Klasse.

Preiswert, denn für Fern-Express-Züge benötigen Sie im Fernverkehr (ab 51 km) keinen besonderen Zuschlag

„Gepäck - direkt". Dieser Service befördert Ihr Urlaubsgepäck besonders preiswert im gleichen Zug.

Gut versorgt im Quick-Pick. Preiswertes Essen und Trinken läßt Sie frisch gestärkt in den Urlaub starten.

DB Die Bahn

DIE BAHN FÄHRT AUCH BUS.

Bahnbusse sind zuverlässig und pünktlich – genauso wie die Bahn.

DB Die Bahn

2. Außerdem sollten Sie etwas über das Reisen mit Zügen in Deutschland wissen. Das *Vokabelmosaik 2* und der folgende Ausschnitt (*excerpt*) aus einem Fahrplan geben Ihnen ein paar Termini, - sogar teilweise mit englischer Übersetzung!

3. Wenn man Reiseauskunft einholt, muß man die Information sehr präzise verstehen. Deshalb sollten Sie beim Hören kurze Notizen mitschreiben - Sie würden es ja in Wirklichkeit auch tun!

A. Nach dieser kleinen Geographielektion können wir Ihnen sagen, daß das erste Gespräch im Ruhrgebiet stattfindet, also im nordwestlichen Teil von Deutschland. Wir wissen nicht genau, in welcher Stadt die junge Dame wohnt. Aber sie will von ihrem Wohnort über Dortmund nach Hannover reisen. Hören Sie bitte zu, und finden Sie Antworten zu den Fragen.

1. Wann möchte die junge Frau in Hannover sein?

2. Wann fährt der Zug ab?

3. Wann kommt der Zug in Dortmund an?

4. Wann fährt der Zug nach Hannover von Dortmund ab?

SCHICKEN SIE IHR AUTO IN DEN URLAUB.

Der Autoreisezug. Das Angebot für clevere Autofahrer. Die bequemsten Routen in den Urlaub mit Verladebahnhöfen in vielen europäischen Ländern. Autoreisezüge fahren zu jeder Jahreszeit.

Weitere Informationen überall, wo es Fahrkarten gibt.

DB Die Bahn

B. Wie für Amerikaner ist Paris, die Hauptstadt von Frankreich, ein beliebtes Reiseziel der Deutschen. Es gibt deshalb viele preiswerte Pauschalreisen, also alles inklusive Reisen. Diese können für Reisegruppen oder für Einzelpersonen sein, und man kann mit dem Bus, mit dem Privatauto, oder sogar mit dem Flugzeug reisen.
Bevor Sie sich den Dialog 2 anhören, schreiben Sie bitte ein paar Fragen auf, die Sie im Reisebüro fragen müßten, wenn Sie von Deutschland aus mit dem Zug eine Pauschalreise nach Paris machen würden.

1.

2.

3.

4.

5.

C. Jetzt sind Sie gut auf den Dialog vorbereitet. Dieser Text ist nicht ganz einfach; damit Sie ihn besser verstehen, können Sie die Fragen *zuerst* lesen, *dann* die Kassette anhören und *dann* die Fragen beantworten.

Die Situation ist folgende: Sie warten im Reisebüro und hören zufällig dieses Gespräch.

1. Möchte die Frau eine Pauschalreise buchen, oder möchte sie privat fahren?

2. Hat sie schon ein Hotelzimmer, oder sucht sie noch ein Zimmer?

3. Reist sie gern oder ungern in einer Gruppe?

4. Hat das Reisebüro Verbindung zu vielen Hotels in Paris oder nur zu wenigen?

5. Möchte die Dame lieber tagsüber oder nachts fahren?

6. Muß sie umsteigen, oder kann sie durchfahren?

7. Fährt der Zug nach Paris um 6.52 Uhr ab und kommt 21.57 Uhr an, oder fährt er um 21.57 Uhr ab und kommt um 6.52 Uhr an?

8. Soll der Zug von Paris nach Dortmund um 7.37 Uhr oder 7.38 Uhr in Dortmund sein?

D. Erklärung: In einem „Hotel garni" bekommen Sie Frühstück, aber keine anderen Mahlzeiten.

Sammeln Sie bitte aus Dialog 3 Informationen zu jedem Hotel in der Liste.

1. Wo liegen sie?

2. Welche Möglichkeiten gibt es zum Essen (= Speisen)?

3. Welchen besonderen Komfort haben sie (Telefon, Fernsehapparat, fließendes kaltes und warmes Wasser, usw.)?

4. Was kosten sie?

„Deutsches Haus":

_____

_____

„Spetsmann":

_____

_____

„Sauerländer Hof":

_____

_____

„Seilersee-Restaurant", „Waldhotel Horn", „Hotel Korth":

_____

_____

ZUM LESEVERSTÄNDNIS UND SCHREIBEN

Hamburg - Hamburg - Hamburg

Sie planen ein Wochenende mit Informationen aus der Broschüre. Nehmen Sie auch den Stadtplan auf Seite 155 im Textbuch zu Hilfe, damit Ihre verschiedenen Aktivitäten nicht zu weit auseinander sind. Sie wollen nicht kostbare Zeit verlieren!

1. <u>Freitag nachmittag</u>
   Ankunft in Hamburg um vier Uhr

2. <u>Freitag abend</u>

3. <u>Samstag vormittag</u>

4. <u>Samstag nachmittag</u>

5. <u>Samstag abend</u>

6. <u>Sonntag vormittag</u>

7. <u>Sonntag nachmittag</u>

Abfahrt um 7 Uhr

ZUM LESEVERSTÄNDNIS (optional)

Ferienland - Musikland - Festland

The first reading text already gave you a taste of how language is used to capture the imagination, for instance, to entice the reader to visit the city of Hamburg.

From the language standpoint, two aspects of advertising texts stand out:

- When you want to *persuade* somebody to think in a certain way or follow a certain course of action, you have to create, through descriptive words, many positive associations. Since *adjectives* can fulfill this function very well advertising texts contain a particularly high number of adjectives.

- Making something attractive frequently also means not mentioning details that are potentially negative and, instead, focusing on generalities or even rosy *clichés*. In many cases, such cliches are not without some truth, - they are just undifferentiated and thus able to subtly direct the audience to see everything in a positive light...

Unser letzter Lesetext stammt aus einem Werbebüchlein, das Gäste nach Österreich einladen möchte. Lesen Sie sich den Text zunächst durch, und beachten Sie besonders positive Adjektive und auch Klischées. Die Übungen führen Sie dann wieder ein paar Schritte weiter.

VOKABELHILFE

beherbergen	*to offer residence/shelter*
Pußtalandschaft	weites, offenes, flaches Land, vor allem im östlichen Teil nach Ungarn hin; ideal für Pferde
die Alm	Alpenwiese
die Flußau	das Wald- und Wiesengebiet direkt an den Ufern eines Flusses. Hier gibt es besonders viele Vögel.
der Tann	literarisches Wort für Wald; vgl. die Tanne (*spruce tree*)
der Heurige	Wein von diesem Jahr;
das Dirndl	typisches österreichisches Kleid
die Tracht	folkloristische Kleidung
das Schlagwort	Slogan
das Erbe	*heritage*
das Schwammerlsuchen	*mushroom hunting*
der Sprößling	*offspring*
das Pfarrhaus	Haus, in dem der Pfarrer oder Priester wohnt
der Dorfwirt	*owner of a typical Austrian village inn*
hetzen lassen sich	*to be rushed*

FERIENLAND
MUSIKLAND
FESTLAND

Österreich ist das Land von Johann Strauß, Kaiser Franz Joseph, der weißen Lipizzanerpferde, der Sängerknaben. Die Heimat toller Skifahrer und Bergsteiger. Aber auch das Land, das, obwohl es an den Eisernen Vorhang grenzt, ein neutrales, freies, demokratisches Land mit hochentwickelter Wirtschaft und sozialer Sicherheit ist. Mitten im Herzen Europas und daher eine ideale Stätte der Begegnungen zwischen Ost und West. Kein Wunder, daß Österreich eine UNO-City in Wien beherbergt und ein Lieblingsplatz internationaler Kongresse ist, von allen Weltteilen aus gut erreichbar.

Schöne Landschaft ist bei uns selbstverständlich — wir schauen erst hin, wenn unsere Gäste aus dem Ausland durch ihr „Ah" und „Oh" darauf aufmerksam machen. Wir haben alles — wanderbare Berge, sanfte Hügel, die blaue Donau, viele Seen. Wir haben Pußtalandschaft, Kuhglocken-Almen, Flußaußen voll Vogelleben, tiefen dunklen Tann'. Siebeneinhalb Millionen Österreicher schauen darauf, daß ihr Land von schädlichen Umwelteinflüssen verschont wird. Denn wir wissen: Bei uns sucht der Gast das Frische, Unberührte, Eigenständige. Und das erhalten wir um jeden Preis.

Tradition wird daher bei uns, bei aller Aufgeschlossenheit zum Neuen, noch immer groß geschrieben. Dazu gehört auch die Geselligkeit, die Freundlichkeit, die Gastfreundschaft, die Gemütlichkeit — mit einem Wort: die herzliche Einladung zum Mitfeiern im Festland Österreich! Die Österreicher sind für ihre Kontaktfreudigkeit bekannt — versuchen Sie einmal, bei einem Wiener Heurigen nicht mit den am selben Tisch Sitzenden ins Gespräch zu kommen! Es wird Ihnen kaum glücken.

Einheimisches, Bodenständiges, Folklore, Brauchtum, Tracht — das ist in Österreich kein Zwang, sondern gehört zum täglichen Leben. Mehr denn je findet man in den Straßen — auch der Großstädte — junge Leute im Dirndl und Trachtenanzug. So gekleidet kann jeder Österreicher zur feinsten Party, zur Opern-Premiere oder zur Hochzeit gehen — und er tut's auch. Denn die Tracht ist nicht Mode, sondern Alltag.

Revitalisierung ist bei uns kein leeres Schlagwort, sondern ein ernstes Anliegen. Wir haben ein großes Erbe und wir gehen damit auch sorgsam um. Burgen, Schlösser, alte Häuser, Innenhöfe, komplette Stadtzentren werden nicht nur renoviert, sie werden auch so erneuert, daß das Leben in ihnen nicht nur wieder schön, sondern auch wünschenswert ist.

Reichtum auch an Sportmöglichkeiten: Wandern, Segeln, Surfen, Schwimmen, Tennis, Reiten, Golf, Kegeln, Skifahren (auch im Sommer warten tolle Sommerskigebiete auf unsere Gäste) — was immer Sie wollen, Österreich hat es! Viel Spaß ist selbstverständlich immer inbegriffen!

Erlebnis — das soll ja wohl der Sommerurlaub sein. Erlebnis für die ganze Familie. Beim Burganschauen, Bergsteigen, Schwammerlsuchen, bei Ausflügen, beim Sonnenbaden auf einer grünen Wiese. Und damit Mutter und Vater auch einmal alleine zu zweit sein können — allerorten offerieren wir Gästekindergärten mit lieben Tanten, die auf die Sprößlinge aufpassen, **als wären es ihre eigenen.**

Ideal ist Österreich für Kulturliebhaber. Wir können, ob auf dem Land oder in der Stadt, überall faszinierende Kirchen, Burgen, Schlösser und Museen schätzen. Österreichs Kulturszene ist ausgesprochen vielfältig. In unzähligen Orten gibt es Festspiele, große und kleine. Musik und Theater, Ernstes und Heiteres — für jeden etwas.

Charme — das ist bei uns nach wie vor ein Zauberwort, aber eines, das wirkt. Das fängt beim Handkuß an und hört beim gepflegten Ortsbild auf. Wir setzen nicht auf Touristensilos aus Beton, wir laden unsere Gäste in anziehende Städte und natürlich gewachsene Orte — mit Kirche, Pfarrhaus, Dorfwirt und glücklichen Kühen (auf einer Weide) ein.

Heimelig — das will Österreich sein. Nicht daheim und doch zu Hause. Die Österreicher haben viel Talent dazu. Denn in unserem Land hat man noch Zeit füreinander, wir lassen uns ungern hetzen, tun lieber das, was wir am liebsten tun ...
Und das wollen wir auch unsere Gäste lehren ...

3

A. Der Text über Österreich ist schon visuell ein Werbetext. Welche Eigenschaften von Österreich werden besonders gepriesen?
   Ö: Österreich
   S:
   T:
   E:
   R:
   R:
   E:
   I: Ideal für Kunst- und Kulturliebhaber
   C:
   H:

B. Welche Klischees hatten Sie vorher über Österreich? Sie können hier ruhig ein paar englische Phrasen aufschreiben.

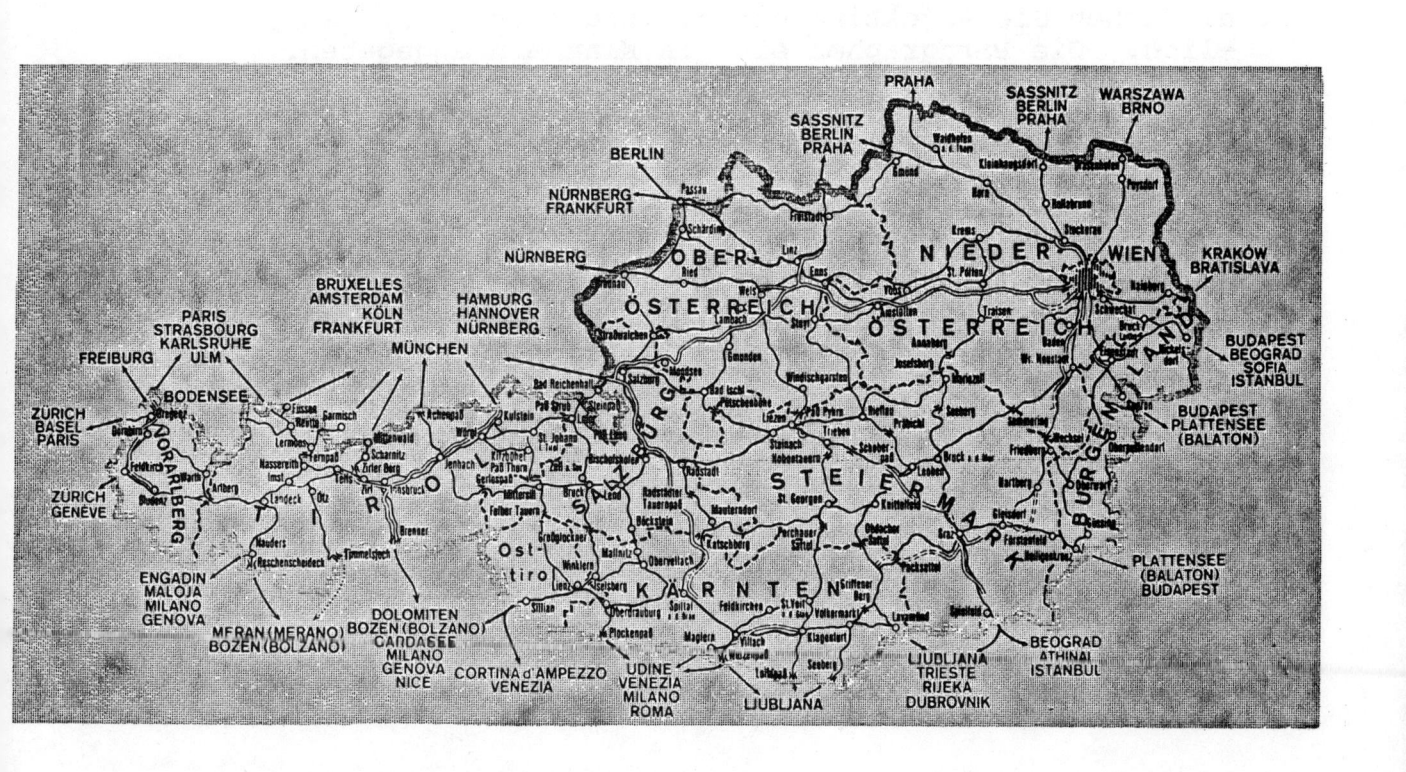

C. Welche Klischees haben Sie in diesem Text gefunden?
   Kategorisieren Sie sie nach den Untertiteln.
   <u>Ferienland</u>   <u>Musikland</u>   <u>Festland</u>

D. Kategorisieren Sie jetzt die Adjektive so: welche sind
   primär deskriptiv, welche primär überredend (*persuasive*)?
   Manche haben etwas von beidem. Schreiben Sie die ganze
   Wortgruppe (Präposition) + (Artikel) + Adjektiv + Nomen
   in die Tabelle.

   BEISPIELE: der weißen Lipizzanerpferde;   wunderbare
                Berge, sanfte Hügel

   <u>Primär deskriptiv</u>   <u>Primär überredend</u>

E. a. Suchen Sie Adjektive mit den Endungen *-bar*, *-sam*, *-ig*,
      -lich. Die Paragraphen sind in Klammern angegeben.
      1. *-bar*
         (1):
         (2):
      2. *-sam*
         (2):
         (5):
      3. *-ig*
         (8):
         (8):
         (10):
      4. *-lich*
         (2):
         (2,6):
         (3):
         (9):
   b. Schreiben Sie mit Hilfe des Kontexts eine englische
      Übersetzung daneben.
   c. Kennen Sie selbst noch Adjektive aus diesen vier Kategorien?
      Manche von diesen erscheinen als Nomina im Text, z.B. <u>Wunder</u>
      - <u>wunderbar</u>. Schreiben Sie diese auch in die Tabelle.

LÖSUNGEN

Textbuch, Seite 159, Übung F:

Sehr geehrte Familie Hintermeyer, Von guten Bekannten haben wir gehört, daß Sie auf Ihrem Bauernhof in der Nähe von Innsbruck einen preiswerten Familienurlaub anbieten. Ich suche einen passenden Ort für die ganze Familie, wo meine Frau und ich wohl verdiente Erholung finden können. Wir haben keine übertriebenen Wünsche. Aber natürlich brauchen wir mindestens fließendes kaltes und warmes Wasser im Zimmer. Noch besser wäre es aber, wenn Sie uns ein freundliches, sonniges Zimmer mit einer angebauten Terrasse anbieten könnten. Wir haben nämlich zwei gerne draußen spielende Kinder, die wir dann vom Zimmer aus leichter beobachten könnten. Sie schreiben in Ihrem mir vom Reisebüro zugesandten Prospekt, daß Sie noch ein intakter Bauernhof sind. Ich hoffe, daß unsere beiden Kinder dann einige der typischen Arbeiten mitmachen dürfen.

             Mit freundlichen Grüßen,
                       Ihr
                 Michael Schulte

Übungsbuch, Seite 88, Hörverständnis 1 B:
Wenn das Wetter am Wochenende schön ist, möchte ich gerne schwimmen gehen. Aber im Augenblick ist es nicht sehr schön, und ich glaube nicht, daß ich die Möglichkeit dazu haben werde. Wenn nicht, werde ich mich zu Hause hinsetzen und lesen oder vielleicht, muß ich auch meine Wohnung putzen, denn das ist auch mal wieder nötig.

Übungsbuch, Seite 89, Hörverständnis 1, D: 1:c; 2:g; 3:b; 4:a; 5:f; 6:d; 7:e.

ZUSAMMENFASSUNG DER VOKABELN -- KAPITEL 4

ab.holen jdn/etwas	to pick up sb.sth.
ab.fahren	to leave, depart
fuhr, ist gefahren	
an.bieten etwas	to offer sth.
bot, geboten	
das Angebot, -e	offer
an.fangen etw. mit seiner Zeit	to spend one's time doing sth.
fing, gefangen	
an.kommen	to arrive
kam, ist gekommen	
aufhalten sich$_a$	to stay, spend time
der Aufenthalt, -e	stay
der Ausflug, -̈e	excursion, outing
aus.gehen	to go out
ging, ist gegangen	
die Auskunft, -̈e	information
Auskunft holen über	to get information about
aus.steigen aus	to get out of sth.
stieg, ist gestiegen	
die Ausstellung, -en	exhibit
aus.suchen jdn/etwas	to chose, select sb./sth.
basteln	to do crafts
begeistert	enthusiastic, avid
beliebt	popular
die Beliebtheit	popularity
berg.steigen	to do mountain climbing
beschäftigen sich$_a$ mit	to spend one's time with
die Beschäftigung, -en	pasttime
besuchen jdn/etw	to visit sb./sth.
der Besuch, -e	visit

die Briefmarke, -n	postage stamp
buchen eine Reise	to book a trip
bummeln	to stroll, windowshop
der Chor, -¨e	choir
der Durchschnitt, -e	average
durchschnittlich	on the average
ein.steigen in stieg, ist gestiegen	to climb into
empfehlen jdn/etwas jdm empfahl, empfohlen	to recommend sb./sth. to sb.
enthalten etwas enthielt, enhalten	to contain sth.
erholen sich_a die Erholung	to relax, recover recreation, relaxation
fahren fuhr, ist gefahren	to drive, ride, travel
faul faulenzen	lazy to be lazy, relax
fern.sehen sah, gesehen	to watch TV
fliegen flog, ist geflogen	to fly
der Flughafen, -¨	airport
der Fußball, -¨e	football
die Gelegenheit, -en	opportunity
gemütlich die Gemütlichkeit	cozy, comfortable coziness, comfort
das Gewitter, - gewittrig	thunderstorm with thunderstorm activity
handarbeiten	to do needle crafts

heimelig	cozy, comfortable
das Heimweh	home sickness,
heiter	pleasant
die Karte, -n	card
kegeln	to go bowling
die Kegelbahn, -en	bowling alley
das Kino, -s	movies, movie house
kommen in Schwung	to get into the swing of things
der Kurort, -e	health spa
lahm legen etwas	to put sth. to a complete stop
leisten können sich$_d$ etwas	to be able to afford sth.
etwas lohnt sich	sth. is worthwhile
Lust haben zu etwas	to feel like doing sth.
malen jdn/etwas	to paint sb./sth.
der Maler, -	painter
das Mitglied, -er	member of a group, club
das Museum, -een	museum
die Musik	music
nähen etwas	to sew sth.
der Plan, -"e	plan
rad.fahren	to bike
fuhr, ist gefahren	
reisen	to travel
die Reise, -n	trip
das Reisebüro, -s	travel agency
die Pauschalreise, -n	package trip
reiten	to ride on horseback
ritt, ist geritten	

die Ruhe	peace, quiet
sammeln etwas	to collect sth.
schi.fahren	to go skiing
schwimmen schwamm, ist geschwommen	to swim
segeln	to go sailing
singen etwas sang, gesungen	to sing
spazieren.gehen **der Spaziergang, -"e**	to take a walk walk
die Speise, -n	meal
spielen etwas	to play sth.
die Spitze, -n	top, peak
steigen stieg, ist gestiegen	to climb, rise, grow
der Sport **Sport treiben** trieb, getrieben	sports to be involved in sports
stricken etwas	to knit sth.
teils	partly
träge	lazy
turnen **die Turnhalle, -n**	to do gymnastics gym
um.steigen	to switch (i.e. modes of transportation)
unterwegs	en route
der Urlaub **Urlaub machen**	vacation to take a vacation
verbringen Zeit verbrachte, verbracht	to spend time

der Verein, -e	club, organization
vermitteln jdm etwas	to arrange, mediate, procure sth. for sb.
vor.bereiten etwas	to prepare sth.
vor.haben etwas	to have plans
vorher.sagen etwas	to predict, forecast sth.
die Vorhersage, -n	prediction, forecast
vor.schlagen etwas schlug, geschlagen	to propose, suggest sth.
wolkig	cloudy
zu.nehmen an$_d$ nahm, genommen	to gain, increase in
zu.schauen bei	to watch sth.
der Zuschauer, -	spectator

INFORMATION
■ ODER ■
MANIPULATION

5

HÖRVERSTÄNDNIS 1:   DIE FUNKWERBUNG-TEIL 1

A. Hören Sie sich die fünf Werbespots ein Mal an, und versuchen Sie herauszuhören, wofür geworben wird. Schreiben Sie das „Produkt" jeweils auf.

1. _____

2. _____

3. _____

4. _____

5. _____

B. Nun hören Sie etwas genauer hin. Vielleicht hören Sie sich jeden Werbetext öfter an.

Vokabelhilfe Werbetext 1
glatt gehen	= gut gehen
der Unfall, -"e	= accident
passieren	= to happen (usually in a negative sense)
der Ärger	= annoyance, (vgl. ärgern sich über)
regeln etwas	= in Ordnung bringen
der Rechtsschutz	= legal protection, hier: Versicherung (insurance)

1. Wissen Sie nun, was diese Werbung „verkaufen" will? Eine Reise nach Spanien? Einen Spanisch-Sprachkurs? Eine Reiseversicherung?

2. Was kann denn bei einer Reise mit dem Auto alles passieren?

Vokabelhilfe Werbetext 2
Lust haben auf/etwas zu tun	= to feel like doing
super-, extra-, riesen-	= gigantic (used to indicate high quality or a large quantity, often take the place of the superlative form of the adjective)

3. Ungefähr wie teuer ist das in diesem Werbetext angebotene Produkt in Dollar? *Sample exchange rate: $1.00 = 2.05 DM.*

4. Hätten Sie Lust auf so einen _____?

MÄC-PRESS
Die freundliche Gäste-Zeitung von McDonald's

Das bekömmliche Brot mit dem natürlichen Brotgeschmack

Vokabelhilfe Werbetext 3
rücken = hier: Platz machen
das Waldsterben = wenn Bäume (wegen Krankheit, Umweltverschmutzung) sterben
reichen = genug sein
läppern sich (coll) = *to add up, accumulate*
der Zweck = *purpose, use*
Das hat keinen Zweck. = *It's of no use.*
die Schutzgemeinschaft = *society for the protection of ...*

Umwelt 1/83

Vokabelhilfe Werbetext 4
ein.schenken = Bier, Wein (ins Glas), Kaffee (in die Tasse) geben
Holsten = Holstein (Schleswig-Holstein)

5. Singen Sie doch mit, während Sie diesen Werbespot anhören!

Vokabelhilfe Werbetext 5
die Rezeptur = das Rezept
verfeinert = noch feiner gemacht als früher

6. Was und wie oft kann man vielleicht gewinnen?
_____

7. Was muß man tun, um eine Chance zu haben?
_____

C. Nun wählen Sie den Werbetext, der Ihnen am besten gefallen hat. Hören Sie diesen einige Male an, sprechen Sie laut mit, bis Sie Ihn ohne Kassette sprechen, oder sogar singen können.

D. Zu welchen Werbespots passen die folgenden Phrasen?

1. ... noch mehr Aroma durch die ... _____

2. ... Beim Bäcker, wo denn sonst? ... _____

3. ... Ärger mit der Polizei ... _____

4. ... ein riesengroßes Stück ... _____

Zum Selbstmachen oder mit einem Partner

1. Omas Apfelkuchen backen!

Neue Ideen aus Omas Küche
Kreative Köche entdecken in alten Kochbüchern immer wieder neue Schätze. Zum Beispiel Rezepte für delikate Mehlspeisen

Omas Apfelkuchen

Für den Teig:

1/2 Zitrone
Butter und Brösel für die Form
200 g Butter
200 g Zucker
200 g Mehl
4 Eier
1/2 Teelöffel Backpulver

Für den Belag:

800 g säuerliche, feste Äpfel
100 g feingeschnittene Mandeln
100 g Aprikosenmarmelade
Puderzucker

Etwa 4800 Kalorien insgesamt

2. Sie kennen dieses Rezept und wollen Freunden erklären, wie es gemacht wird. Lesen Sie zuerst links, dann verwenden Sie das Passiv rechts.

- 115 -

Das bereitet man vor.

Die Zitronenschale abreiben.*

Die Kuchenform mit Butter ausfetten und mit Bröseln ausstreuen. Die Äpfel schälen, in Achtel schneiden und die Kerngehäuse entfernen. Den Backofen auf 200° vorheizen.

* reiben, rieb, gerieben

Das wird _vorbereitet_ :

Die Zitronenschale wird _____.

Die Kuchenform _wird_ mit Butter _____ und mit Bröseln _____. Die Äpfel werden _____ und die Kerngehäuse _____. Der Backofen ____ auf 200° vor_____.

So macht man's:

Die Butter mit dem Zucker schaumig rühren und einen Eßlöffel Mehl dazugeben. Dann nach und nach die Eier darunterrühren und die Zitronenschale dazugeben. Das übrige Mehl mit dem Backpulver dazusieben und unterheben. Die Hälfte der Masse in die vorbereitete Form füllen. Die Apfelstücke auf den Teig legen, bis die ganze Oberfläche bedeckt ist. Dann den restlichen Teig darübergeben und glattstreichen. Den Kuchen im

So wird's _ge...._ :

Die Butter _wird_ mit dem Zucker schaumig _____ und ein Eßlöffel Mehl dazu_____. Dann werden nach und nach die Eier _darunter...._ - und die abgeriebene Zitronenschale _dazu....._ _____. Das übrige Mehl _____ mit dem Backpulver dazu_____ und unter_____. Die Hälfte der Masse _____ in die vorbereitete Form _____. Die Apfelstücke _____ auf den Teig

vorgeheizten Backofen 40 bis 60
Minuten backen. Die Mandelblättchen
in der Pfanne rösten. Den gebackenen
Apfelkuchen auf das Gitter stürzen.
Die Aprikosenmarmelade im Töpfchen
einmal aufkochen, heiß auf den warmen
Kuchen streichen und sofort mit den
Mandelblättchen bestreuen. Den Kuchen
abkühlen lassen und mit Puderzucker
besieben.

_____, bis die ganze Oberfläche bedeckt ist. Dann _____
_____
_____
_____
_____
_____
_____
_____

GUTEN APPETIT!   GUTEN APPETIT!

B. Versuchen, Sie, so viele der Schritte wie möglich zu rekonstruieren. Formen Sie Sätze mit **man**.

Zuerst reibt man die Zitronenschale ab. Dann fettet man die Kuchenform mit Butter aus und *streut sie mit Bröseln aus. Dann....*

_____

_____ usw.

C. Was bei Omas Apfelkuchen alles gemacht werden muß! Bilden Sie Passivsätze mit Modalverben.

BEISPIEL: schälen die Äpfel   **Die Äpfel müssen geschält werden.**

1. schneiden in Achtel

    Die Äpfel _____.

2. vorheizen das Backrohr

    _____.

3. rühren den Teig

    _____.

4. füllen den Teig in die Form

    _____.

5. legen die Apfelstücke auf den Teig

    _____.

6. backen den Kuchen im Ofen

    _____.

D. Was man nicht tun darf! Bilden Sie negative Passivsätze!

BEISPIEL: rühren die Apfelstücke in den Teig
Die Apfelstücke dürfen nicht in den Teig gerührt werden.

1. rühren die Marmelade in den Teig

   _____

2. schaumig rühren das Backpulver mit den Eiern

   _____

3. pressen den Zitronensaft in den Teig

   _____

4. vorheizen das Backrohr auf 500°

   _____

Und was sonst nicht? Erfinden Sie weitere Beispiele dafür, was man nicht tun darf.

E. *(Optional)* Ihre Freunde haben dieses Rezept versucht. Leider hatten sie es aber nicht aufgeschrieben. Resultat? Der Apfelkuchen war eine Katastrophe! Warum? Bilden Sie Passivsätze mit Modalverb und hypothetischer Kondition in der Vergangenheit.

Was Ihre Freunde gemacht haben.   Was hätte **gemacht werden müssen?**

BEISPIEL:

Wir haben die Butter unter die Eier gerührt.	Die Butter hätte zuerst mit Zucker schaumig gerührt werden müssen.
1. Dann haben wir die Apfelstücke dazugegeben.	Die Apfelstücke _____ _____
2. Das Backrohr haben wir auf 300° vorgeheizt.	Das Backrohr _____ auf 200° vorgeheizt _____.
3. Den Kuchen haben wir dann 20 Minuten gebacken.	Oh weh, der hätte _____ _____
4. Wir konnten den Kuchen nach dem Backen nicht aus der Form bekommen.	Der Kuchen _____ _____ abgekühlt _____

F. Versuchen Sie das folgende Rezept ohne Wörterbuch zu verstehen. Machen Sie unten links Ihre Notizen zu Wörtern, die Sie zuerst nicht verstehen. Versuchen Sie, sie dann aus dem Kontext zu erraten (*guess*). Wenn es gar nicht anders geht, nehmen Sie ein Wörterbuch zu Hilfe.

IHRE NOTIZEN

Aprikosenknödel

Zubereitungszeit: 45 Min.

Zutaten für 4 Personen:

500 g am Vortag gekochte mehlige Pellkartoffeln, 50 g Mehl, 25 g Grieß, 1 Prise Salz, 1 Ei, 16 reife kleine Aprikosen, Würfelzucker.

1 Die Kartoffeln pellen und durch die Kartoffelpresse drücken. Mehl, Grieß, Salz und das Ei hinzufügen und alle Zutaten gründlich miteinander verkneten, so daß ein glatter Teig entsteht.

2 Mit bemehlten Händen eine Rolle formen und diese in 16 Scheiben schneiden.

3 Die gewaschenen und abgetrockneten Aprikosen entsteinen und in jede Aprikose ein Stückchen Zucker geben. In alle Teigstücke eine Aprikose drücken, mit dem Kartoffelteig fest umhüllen und zu Knödeln drehen.

4 In kochendes Salzwasser geben und in etwa 15 bis 20 Minuten gar ziehen lassen. Mit einer Schaumkelle herausnehmen, gut abtropfen lassen – und zum Beispiel um den Braten auf einer Platte anrichten.

ROTRAUD DEGNER

HÖRVERSTÄNDNIS: FUNKWERBUNG - TEIL 2

A. Hören Sie sich die Werbespots an. Wofür werben sie? Unterstreichen Sie jeweils das richtige Wort.

1.	Getränke	Landwirtschaft	Auto
2.	Kosmetik	Büromaschinen	Garten
3.	Schmuck	Möbel	Waschmittel
4.	Schlafmittel	Texas	Benzin
5.	Freizeit	Foto	Computer

B. Arbeiten Sie jetzt etwas genauer mit den einzelnen Texten.

Vokabelhilfe Werbetext 1

der Stoßdämpfer = *bumper*
der Quatsch = Unsinn (*nonsense*)
Wind bekommen von = herausfinden

1. Übernehmen Sie die Rolle des Vaters, und sprechen Sie mit dem Sohn den Dialog.

2. Schreiben Sie das, was der Vater sagt, auf.

Sohn: Papa, ...

Papa: _____

Sohn: Hm, 'n Wind.

Papa: _____

Sohn: Schule? ...

Papa: _____

Sohn: Ja, bist ...

Da weiß man, was man hat.

Vokabelhilfe Werbetext 2

Alles vor Augen?   = Alles klar?
das Gerät   = hier: Bürokombination
So 'was gibt's nicht!   = Das ist nicht möglich!

3. Dieser Text spielt mit zwei ähnlichen Verben, die Sie schon gut kennen. Wie heißen sie?

_____

_____

(Wenn Sie nicht sicher sind, gehen Sie zurück zum Vokabelmosaik auf Seite 89 im Textbuch.)

4. Was bedeutet **lassen** am Ende des Textes? Schreiben Sie den letzten Satz des Werbetextes, und geben Sie seine englische Bedeutung.

Dann lassen Sie sich _____

_____

Übersetzung: _____

_____

**Büroelektronik
von Siemens –
offen für alle.**

Wenn Sie mehr über das elektronische Büro wissen wollen, wenden Sie sich bitte an die nächste Siemens-Geschäftsstelle oder lassen Sie sich weitere Informationen schicken von:
Siemens AG, Infoservice
Postfach 156, 8510 Fürth

Computer und Communications von Siemens.

Vokabelhilfe Werbetext 3

Morgenmuffel	= jemand, der am Morgen immer in schlechter Stimmung ist
neugierig	= *curious, nosy*
befördert werden	= *to get a promotion*
erkennbar (an_d)	= *recognizable*
die Schleife	= *ribbon*
die Matratze	= *mattress*

5. Das Wort **traumhaft** kommt zweimal in der Reklame vor. Schreiben Sie die beiden Phrasen mit **traumhaft** auf.

   _____

   _____

Vokabelhilfe Werbetext 4

verzichten auf_a	= *to do without*
der Kraftstoff	= z.B. Benzin, Diesel
aufwendige Forschung	= Forschung, die viel Geld kostet

6. Laut (*according to*) dieser Werbung schützt Texaco Automotoren vor schlechter Verbrennung durch _____ _____ und _____ _____.

Vokabelhilfe Werbetext 5

aufregend	= *exciting*
samtweich	= *velvety*
verführerisch	= *beguiling, deceiving*

7. Die Songs von Stevie Wonder und Diana Ross sind wie

   Musik aus _____.

Zum Lesen und Nachdenken

Wofür werben diese Slogans?

VOKABELHILFE

Dual	Produktname für Plattenspieler/Stereoanlage
Hendl	Wienerisch für Hühnchen/Hähnchen
Kaufhof	Name eines Kaufhauses

1. ... der Tag geht ... Johnnie Walker kommt.

2. Heute bleibt die Küche kalt - mit Hendl aus dem Wienerwald.

3. Weiß, weißer, Suwa-weiß.

4. Besser mit der Bahn - DB.

5. Liebe auf den ersten Schluck.

6. Pack den Tiger in den Tank.

7. Übrigens - man geht nicht mehr ohne Hut.

8. Zum guten Ton gehört Dual.

9. Süßen ohne Zucker - Ilgonetten.

10. Kaufhof bietet tausendfach, alles unter einem Dach.

A. Unterstreichen Sie bei den obigen Slogans die Wörter, die zum Verstehen besonders wichtig sind.

BEISPIEL: ... der Tag geht ... *Johnnie Walker* kommt.

B. Gruppieren Sie die Slogans. Welche werben für ...

Essen/Trinken?	Auto/Reisen?	Kleidung/Wäsche?
_____	_____	_____
_____	_____	_____
_____	_____	_____
_____	_____	_____

C. Welche Slogans passen nicht in diese Gruppen?

D. Welche wirken nach Ihrer Meinung am besten? Sprechen Sie die Slogans laut, und hören Sie auf Klang und Reim. Umkreisen Sie die Zahlen der besten Slogans.

    1   2   3   4   5   6   7   8   9   10

Zum Leseverständnis (optional):

Fernsehen anderswo

Wir geben Ihnen zu diesem Text nur minimale Hilfe, denn eine Menge Information ist Ihnen schon bekannt.

A. Denken Sie bitte beim Lesen für jedes Land an folgende Kategorien:
   1. Wer oder was finanziert das Programm?
   2. Welchen Einfluß hat der Staat auf das Fernsehen?
   3. Wieviel Variation gibt es, und was ist die Qualität des Programms?
   4. Gibt es regionale/überregionale Kanäle?

Fernsehen anderswo

Wer in der Bundesrepublik vom privaten Fernsehen spricht, dem wird als abschreckendes Beispiel das Fernsehen in den USA entgegengehalten: Als Fernsehzuschauer in den Vereinigten Staaten muß man schon ein dickes Fell haben. Die Unterbrechung von Symphoniekonzerten oder Shakespear'schen Dramen durch die Aufforderung, sich die Zähne mit „Dentaweiß" zu putzen oder sich einen Hamburger mit Zwiebelringen einzuverleiben, ist für den kulturbeflissenen Deutschen eine Unmöglichkeit. Andererseits ist das vielfältige Angebot auf der US-Mattscheibe zum großen Teil kostenlos. In Amerika wird Fernsehen aus Werbeeinnahmen finanziert. Ein verlockendes Programm bringt hohe Einschaltquoten, hohe Einschaltquoten bringen lukrative Werbeeinnahmen. Dieses System arbeitet mit den modernsten technischen Mitteln und einem leistungsfähigen Mitarbeiterstab.

In Großbritannien ist Fernsehen so, wie es für uns bald sein wird. Die BBC (British Broadcasting Corporation) ist eine Anstalt des öffentlichen Rechts. Ihr fließen die Fernsehgebühren zu. Zwei Programme bestreitet sie damit. Daneben gibt es ein privates Fernsehsystem, das sich ausschließlich durch Werbeeinnahmen finanziert. Durch Gesetze ist festgelegt, wieviele Minuten einer Stunde der Werbung zur Verfügung stehen dürfen. Im Gegensatz zu den USA ist es in Großbritannien nicht erlaubt, eine ganze Sendung anzukaufen und mit der Werbung einer Firma zu finanzieren.

In Frankreich sieht das alles ganz anders aus. Da ist die Mattscheibe fest in der Hand der Regierung. Seit die Sozialisten regieren, darf allerdings jeder einen Hörfunksender betreiben, der Lust und Geld hat. Die drei Fernsehanstalten „TF1", „Antenne 2" und „FR 3" sind rein staatliche Unternehmen. Die Pariser Nationalversammlung entscheidet jährlich über die Höhe der Fernsehgebühren. „TF1" ist für die volkstümliche Unterhaltung da, „Antenne 2" soll die Anspruchsvollen, die Intellektuellen befriedigen, und „FR 3" konzentriert sich auf Regionalsendungen und Filmabende. Der Fernsehjournalist in Frankreich ist kein gewöhnlicher Journalist. Der Journalist muß sich nach seinem Arbeitgeber, dem Staat, richten. Und das gefällt dem Zuschauer nicht immer.

In Italien hat der Oberste Gerichtshof 1976 entschieden, daß jeder, legal und ohne Lizenz, eine Fernsehanstalt betreiben könne. Heute hat der römische Zuschauer neben den staatlichen Kanälen die freie Auswahl unter einem Dutzend privater TV-Programme. Allerdings muß sich das private Fernsehen auf den lokalen Bereich beschränken, darf sich nicht landesweit zusammenschließen und keine nationalen oder internationalen Sportveranstaltungen übertragen. 300 private Fernsehsender stehen untereinander in starker Konkurrenz, weil sie von Werbeeinnahmen leben müssen.   Christian Cossmann

B. Schreiben Sie jetzt die Antworten auf die Fragen oben in die Tabelle. Stichwörter genügen.

	Programm-finan-zierung	Staatlicher Einfluß	Programm-variation und Qualität	Regionale, nationale Programme
USA				
Frankreich				
Großbri-tannien				
Italien				

Wichtige Verben aus Kapitel 1 - 5

A. Setzen Sie fehlende Formen und englische Übersetzungen ein (zuerst mündlich, dann schriftlich).

Infinitiv	3. Person	Präteritum	Partizip Perfekt	Englisch
1. gefallen	_____	_____	_____	_____
2. _____	_____	sprach	_____	_____
3. _____	_____	_____	ist eingezogen	_____
4. setzen	_____	_____	_____	_____
5. _____	legt	_____	_____	_____

6.	____	____	saß	____	____
7.	____	fährt	____	____	____
8.	____	____	____	gekommen	____
9.	einladen	____	____	____	____
10.	____	____	____	____	to give
11.	____	____	half	____	____
12.	bitten	____	____	____	____
13.	____	____	____	ist angekommen	____
14.	____	bewirbt sich	____	____	____
15.	____	____	schloß	____	____
16.	____	____	____	____	to decide
17.	bleiben	____	____	____	____
18.	____	____	____	geschrieben	____
19.	____	ruft an	____	____	____
20.	liegen	____	____	____	____
21.	____	hält	____	____	____
22.	____	____	____	____	to read
23.	____	____	traf	____	____
24.	____	____	erkannte	____	____

B. Markieren Sie die Verben, die für Sie schwierig sind, und wiederholen Sie diese öfter.

LÖSUNGEN

Textbuch, Seite 186, Übung D.

a. Spezialisten sind sich darüber einig, daß wir eigentlich viel zu wenig über die Atomkraft wissen.

b. Noch schlimmer wird die Situation dadurch, daß wir vielleicht noch gar nicht besser Bescheid wissen können.

c. Die Bevölkerung in vielen Industrieländern glaubt einfach nicht mehr, was die Politiker in Presse und Fernsehen zu dem Thema sagen und worüber die Journalisten berichten.

d. Wenn sich die sogenannten Experten und die Politiker streiten, was soll dann der Mann auf der Straße denken?

e. Im Endeffekt urteilen wir deshalb mit und ohne richtige Informationen über die Dinge, die wir hören und sehen, und wahrscheinlich fürchten viele von uns die Zukunft.

Textbuch, Seite 190, Übung A, Party-Vorbereitungen.

	Aktiv	werden-Passiv	sein-Passiv	Partizip als Adjektiv
Präs	Wir laden viele Gäste ein.	Viele Gäste werden eingeladen.	Viele Gäste sind eingeladen.	viele eingeladene Gäste
Prät	Wir luden viele Gäste ein.	Viele Gäste wurden eingeladen.	Viele Gäste waren eingeladen.	
Präs	Anja bäckt einen Kuchen.	Ein Kuchen wurde gebacken.	Der Kuchen ist gebacken.	ein gebackener Kuchen
Prät	Anja backte einen Kuchen.	Ein Kuchen wurde gebacken.	Der Kuchen war gebacken.	
Präs	Mark wäscht die Gläser.	Die Gläser werden gewaschen	Die Gläser sind gewaschen	die gewaschenen Gläser
Prät	Mark wusch die Gläser.	Die Gläser wurden gewaschen	Die Gläser waren gewaschen	
Präs	Peter öffnet die Tür.	Die Tür wird geöffnet	Die Tür ist geöffnet	die geöffnete Tür
Prät	Peter öffnete die Tür.	Die Tür wurde geöffnet	Die Tür war geöffnet	
Präs	Vati deckt den Tisch.	Der Tisch wird gedeckt	Der Tisch ist gedeckt.	der gedeckte Tisch
Prät	Vati deckte den Tisch.	Der Tisch wurde gedeckt	Der Tisch war gedeckt	
Präs	Mutti empfängt die Gäste.	Die Gäste werden empfangen		
Prät	Mutti empfing die Gäste.	Die Gäste wurden empfangen		

MEDIENLISTE

Was die Deutschen zwischen dem 31. Mai und dem 6. Juni am liebsten sahen, hörten und lasen (TV: 7. 6.–10. 6.)*

	FERNSEHEN	FILM	VIDEO	LANGSPIELPLATTE	SINGLE
1	Der Flug des Phoenix ARD/9. 6. 16,3 Millionen Zuschauer	Angriff ist die beste Verteidigung Regie: Willard Huyck UIP (Vorwoche 1)	Missing in Action VMP (Vorwoche 2)	Dire Straits – Brothers in Arms Phonogram (Vorwoche 2)	Paul Hardcastle – 19 Ariola (Vorwoche 1)
2	Aber, Herr Doktor! ZDF/10. 6. 15,8 Millionen	Der einzige Zeuge Regie: Peter Weir UIP (3)	Police Academy Warner Home Video (1)	Modern Talking – The First Album Ariola (1)	Modern Talking – You Can Win If You Want Ariola (2)
3	Aktenzeichen: XY...ungelöst ZDF/7. 6. 12,6 Millionen	Beverly Hills Cop – Ich lös' den Fall auf jeden Fall Regie: Martin Brest UIP (2)	Star Trek 3 – Auf der Suche nach Mr. Spock CIC Video (4)	Bruce Springsteen – Born In The U.S.A. CBS (3)	Harold Faltermeyer – Axel F. WEA (6)
4	Hector, der Ritter ohne Furcht und Tadel ZDF/8. 6. 12,2 Millionen	Reise nach Indien Regie: David Lean Neue Constantin (4)	Die Frau in Rot VCL (5)	Supertramp – Brother Where You Bound DGG (4)	Depeche Mode – Shake The Disease Intercord (4)
5	Der Komödienstadel ARD/8. 6. 11,3 Millionen	Kopfüber in die Nacht Regie: John Landis UIP (9)	Die rote Flut Warner Home Video (3)	Soundtrack – Beverly Hills Cop WEA (5)	Opus – Live Is Life DGG (3)
6	Hotel ZDF/9. 6. 10,7 Millionen	Eis am Stiel, 6. Teil – Ferienliebe Regie: Dan Wolman Scotia (5)	Karate Kid RCA/Columbia (6)	Matt Bianco – Whose Side Are You On WEA (6)	Simple Minds – Don't You (Forget About Me) Ariola (5)
7	Die Pyramide ZDF/8. 6. 9,6 Millionen	Solo für 2 Regie: Carl Reiner Tobis (7)	Das Philadelphia Experiment Thorn/EMI (neu)	Tina Turner – Privat Dancer EMI/Electrola (8)	Round One – Theme From Rocky Italo Heat Music (neu)
8	Gestohlene Herzen ARD/7. 6. 9,5 Millionen	Asterix erobert Rom Regie: Rene Goscinny/ Albert Uderzo Jugendfilm (8)	Auf der Jagd nach dem grünen Diamanten CBS/Fox (neu)	Rick Springfield – Tao RCA (9)	Baltimora – Tarzan Boy EMI (10)
9	Bitte umblättern ARD/10. 6. 8,2 Millionen	Amadeus Regie: Milos Forman Tobis (6)	Conan der Zerstörer RCA/Columbia (9)	Phil Collins – No Jacket Required WEA (7)	Duran Duran – A View To A Kill EMI/Electrola (neu)
10	Tele-Zoo ZDF/7. 6. 8 Millionen	The Naked Face – Das nackte Gesicht Regie: Bryan Forbes Scotia (neu)	Splash Euro/Disney (wieder auf der Liste)	Opus – Live Is Life DGG (10)	Falco – Rock Me Amadeus Teldec (neu)

ZUSAMMENFASSUNG DER VOKABELN -- KAPITEL 5

ab.sagen etwas	*to cancel sth.*
die Absage, -n	*cancellation*
an.hören (sich_d) jdn/etwas	*to listen to sb./sth.*
an.reden jdn	*to address sb., talk to sb.*
die Anrede	*form of address*
an.sehen sich_d etwas	*to have a close look at sth.*
sah, gesehen	
der Ansicht sein	*to be of the opinion*
die Ansprache, -n	*formal talk*
eine Ansprache halten	*to give a talk*
ärgern sich_a über	*to be angry, annoyed about*
der Ärger	*anger, annoyance*
aus.drücken etwas	*to express sth.*
aus.drücken seine Meinung	*to express one's opinion*
benachrichtigen jdn von	*to inform sb. of/about*
berichten jdm über/von	*to report to sb. about/on*
der Bericht, -e	*report*
Bescheid wissen über	*to be informed about*
wußte, gewußt	
besprechen etwas mit jdm	*to discuss sth. with sb.*
besprach, besprochen	
die Bildung	*education*
einig sein sich_d über (pl.)	*to agree on sth.*
erfahren etwas	*to find out, experience sth.*
erfuhr, erfahren	
die Erfahrung, -en	*experience*
erkennen etwas	*to recognize, realize sth.*
erkannte, erkannt	
die Erkenntnis, -se	*recognition, realization*
fürchten jdn/etwas	*to fear sb./sth.*
die Furcht	*fear*

das Gegenteil	the contrary, opposite
im Gegenteil	on the contrary
genießen etwas genoß, genossen	to enjoy sth. thoroughly
glauben jdm etwas	to believe sth.
konkurrieren mit	to compete with
die Konkurrenz	competition
manipulieren jdn/etwas	to manipulate sb/sth.
der Meinung sein	to be of the opinion
meiner Meinung nach	in my opinion
merken sich$_d$ etwas	to remember, recall sth.
mit.teilen jdm etwas	to convey sth. to sb., inform sb. of sth.
die Nachrichten (pl.)	news
notwendig	necessary
der Personalausweis, -e	identity card
reden	to talk
die Rede, -n	talk, speech
die Reklame, -n	advertisement
die Reportage, -n	report
selbstverständlich	of course
sprechen mit jdm über/von sprach, gesprochen	to speak with sb. about
etwas stimmt	sth. is true, correct
überein.stimmen mit jdm/etwas	to agree with sb./sth.
stören jdn	to bother, disturb sb.
streiten sich$_a$ über etwas stritt, gestritten	to argue, quarrel about sth.
der Streit	argument

überreden jdn	to persuade sb.
überzeugen jdn	to convince sb.
die Überzeugung, -en	conviction
überzeugend	convincing
der Unsinn	nonsense
die Unterhaltung	entertainment
urteilen über jdn/etwas	to judge sb./sth.
das Urteil, -e	judgment
verlassen sich$_a$ auf jdn/etwas verließ, verlassen	to rely on sb./sth.
versprechen sich$_a$	to misspeak
verstehen jdn/etwas verstand, verstanden	to understand sb./sth.
das Verständnis	understanding, sympathy
verständnisvoll	sympathetic
die Verständigung, -en	understanding, quality of reception
das Vorurteil, -e	prejudice
werben für wirbt, warb, geworben	to advertise
die Werbung, -en	advertisement
zu.hören jdm/etwas	to listen attentively to sb/sth
der Zuhörer, -	listener, audience
zurecht.finden sich$_a$ fand, gefunden	to find one's way around
zu.sagen jdm	to agree to, confirm sth. with sb.
die Zusage, -n	confirmation
zu.sehen bei sah, gesehen	to watch, observe sth.

BERLIN
GESTERN & HEUTE

6

HÖRVERSTÄNDNIS 1:
DIE GEISTIGE ATMOSPHÄRE WÄHREND DER WEIMARER REPUBLIK

A. Mit welchem kurzen Satz charakterisiert der Sprecher am Anfang die Situation in Berlin zur Zeit der Weimarer Republik?

_____

_____

B. Geben Sie drei Beispiele für die Intensität des kulturellen Lebens in Berlin.

1. _____

2. _____

3. _____

C. Beantworten Sie die Fragen, um Ihr Textverständnis zu zeigen.

1. Der Text spricht vom Revuetheater in Berlin. Was bedeutet hier Revue?

   a. eine Besprechung einer Show in der Presse
   b. ein Theaterstück, das man wieder neu produziert hat
   c. eine Unterhaltungs-Show, die Tanzgruppen einschließt

2. Der Sprecher

   a. besitzt eine Künstlerkneipe
   b. arbeitet beim Theater
   c. ist einer der Intellektuellen dieser Zeit, wie Einstein

3. Wen lernt der Sprecher hinter der Bühne und in der Jockey-Bar kennen?

   _____

ZUM SELBSTSTUDIUM

A. Wir hatten Sie auf Seite 204 gebeten, im Text „Nach Berlin..." Passivstrukturen zu suchen und aufzunotieren. Hier sind einige dieser Sätze. Unterstreichen Sie alle Passivstrukturen.

BEISPIEL: Gepäck oder Auto <u>werden</u> nicht <u>kontrolliert</u>.

1. Wer ... von jemandem mitgenommen wird, ...
2. An der Grenze muß der gültige Reisepaß ... vorgezeigt werden.
3. Verstöße (*violations*) werden ... sehr teuer bestraft.
4. Außerdem dürfen die Transitstrecken auf keinen Fall verlassen werden.
5. ... wohl aber muß beim Abflug in Berlin der Personalausweis vorgezeigt werden.

B. Bilden Sie aus den folgenden Passivsätzen <u>man</u>-Sätze.

BEISPIEL: Gepäck und Auto sind nicht kontrolliert worden.
Gepäck und Auto hat man nicht kontrolliert.

1. An der Grenze mußten die Reisepässe gezeigt werden.

   An der Grenze _____

2. Die Transitstrecken durften nicht verlassen werden.

   _____

3. Verstöße gegen die Verkehrsregeln wurden bestraft.

   Man _____

4. Beim Abflug in Berlin mußte der Reisepaß gezeigt werden.

   Beim Abflug in Berlin _____

Besuche von West-Berlinern in Berlin (Ost) und der DDR seit Inkrafttreten der Berlin-Regelung

Zeitraum	Besuche in Millionen
4.6.72 – 31.5.73	3,72
1.6.73 – 31.5.74	3,23
1.6.74 – 31.5.75	2,71
1.6.75 – 31.5.76	3,36
1.6.76 – 31.5.77	3,32
1.6.77 – 31.5.78	3,27
1.6.78 – 31.5.79	3,10
1.6.79 – 31.5.80	3,04
1.6.80 – 31.5.81	2,15
1.6.81 – 31.5.82	1,67
1.6.82 – 31.5.83	1,82*

*Schätzung

C. Setzen Sie passende Präpositionen von der Liste ein.

von - durch - über - mit

Mehrere Wege führen nach Berlin

Wer _____ dem Auto oder Motorrad nach Berlin fährt, oder _____ jemandem mitgenommen wird, muß die Transitstrecken benutzen. Wenn man _____ die Grenze fährt, muß man den Reisepaß vorzeigen. Auf der Fahrt _____ die DDR ist die Geschwindigkeitsbegrenzung von maximal 100 km/h zu beachten. Berlin ist auch _____ der Bahn erreichbar. Am schnellsten kommt man allerdings _____ dem Flugzeug nach Berlin, aber die Stadt wird _____ nur wenigen Fluggesellschaften angeflogen. Ob man nun _____ Frankfurt _____ dem Auto auf der Autobahn _____ die DDR oder _____ dem Flugzeug _____ die DDR Berlin erreicht, Berlin ist eine Reise wert.

D. Verbinden Sie die folgenden Verben mit den passenden englischen Bedeutungen.

1. abhängen von   talk to somebody about
2. reden mit/über   be busy doing something
3. freuen sich über   depend on
4. erholen sich von   inquire about
5. informieren sich über   be left over
6. überzeugen jemanden von   supply information about
7. Auskunft geben über   think about something
8. nachdenken über   recover from
9. beschäftigt sein mit   be pleased about
10. übrigbleiben von   convince somebody of something

E. Bei den folgenden Sätzen mit Verben von D. oben fehlen Präpositionen. Setzen Sie diese ein.

1. Auskunft _____ Berlin gibt das Informationszentrum.
2. Bevor Sie eine Berlinreise planen, sollten Sie sich beim Informationszentrum _____ verbilligte Pauschalreisen informieren.
3. _____ der Berlinfrage haben sich schon viele Politiker beschäftigt.

4. Berlinbesucher freuen sich immer wieder _____ das reiche kulturelle Angebot der Stadt.

5. Es fällt oft schwer, Bekannte _____ der Realität der Mauer zu überzeugen.

F. *(optional)* Geschichte gibt es nicht nur in Berlin! Einige wichtige Punkte zur Geschichte der Vereinigten Staaten.

9. Jahrhundert	Erste Besiedlung des Nordostens durch Vikinger
1492	Entdeckung Amerikas durch Columbus
1620	Landung der Pilgerväter in Plymouth
1773	Rebellion in Boston gegen Steuermacht der britischen Krone
4. Juli 1776	Erklärung der Unabhängigkeit der Vereinigten Staaten
1783	Unterzeichnung des Friedensvertrages von Paris
1789	Wahl George Washingtons zum ersten Präsidenten
während des 19. Jahrhunderts	Entwicklung des Landes bis an die Westküste
1803	Kauf großer Teile des Südens und Westens unter dem Louisiana Purchase
1959	Aufnahme von Alaska und Hawaii als 49. und 50. Bundesstaaten.

Mit Hilfe dieser Informationen in Kurzform schreiben Sie einen Paragraphen zur Geschichte der Vereinigten Staaten.

1. Finden Sie zuerst die Verben zu den Nomina.

BEISPIEL: Besiedlung **besiedeln**

2. Überlegen Sie dann, ob ein bestimmter Satz besser im Aktiv oder im Passiv steht. Vielleicht wollen Sie auch das Nomen behalten.

3. Verwenden Sie in Ihrem Paragraphen folgende Zeitausdrücke und satzverbindende Elemente, ... und ein bißchen Fantasie!

Schon im 9. Jahrhundert ..., aber erst 500 Jahre später ..., im 17. Jahrhundert ..., Deshalb ..., Nur wenige Jahre danach ..., Sieben Jahre später ..., während des 19. Jahrhunderts ..., Besonders wichtig war ..., Heute .... 50 Staaten, nachdem ......

G. *(optional)* Lesen Sie sich die unten abgedruckte Beschreibung der Arbeit des Informationszentrums Berlin durch. Sie ist wieder primär *nominal* gegeben. Schreiben Sie passende Verben neben die Nomina.

H. Bilden Sie dann Sätze, die die Arbeit des Informationszentrums beschreiben. In manchen Fällen können Sie komplexe Sätze mit zwei Verben formen.

BEISPIEL: Durchführung **durchführen**

Wir führen politische Informationsprogramme durch.

1. Organisation
2. Programmgestaltung
3. Mitwirkung
4. Herausgabe
5. Versand
6. Vermittlung

INFORMATIONEN

Informationszentrum Berlin
1000 Berlin 12, Hardenbergstr. 20 (2. Etage), Tel. 310 0040, Mo–Fr 8–19 Uhr, Sa 8–16, Bürozeiten: Mo–Fr 9–15 Uhr (Telegrammadresse: berlinzentrum, Telex: 183798).
Das Informationszentrum hat u. a. die folgenden Aufgaben:
– Organisation und Durchführung von politischen Informationsprogrammen für interessierte Besuchergruppen aus dem In- und Ausland; Betreuung dieser Gruppen;
– Programmgestaltung für Studienfahrten von Gruppen nach Berlin, Mitwirkung am Berlin-Fahrten-Förderungsprogramm des Bundes und der Länder, nach dem Gruppen für Studienfahrten einen Zuschuß erhalten können;
– Herausgabe und Versand von Informationsschriften, die mit thematischen Schwerpunkten über die Situation Berlins unterrichten;
– Vermittlung von Quartieren in Jugendgästehäusern für Gruppen jugendlicher Berlin-Besucher.

Verkehrsamt Berlin
Das Verkehrsamt hält touristisches Informationsmaterial über Berlin bereit und ist bei der Zimmervermittlung behilflich.

– **Flughafen Tegel**
in der Haupthalle, Tel. 41 01 31 45, täglich 8.00 bis 22.30 Uhr.

Berlin-Reiseführer

– Polyglott-Reiseführer BERLIN (DM 5,80; recht knapper Reiseführer)
– Baedekers Allianz Taschenbücher BERLIN (DM 16,80)
– Berlin – Ein Handbuch (DM 19,80; für junge Leute, mit sehr vielen benutzbaren Informationen)
– Anders reisen – BERLIN (DM 12,80; ein Berlinführer mit alternativ-kritischem Ansatz, als praktikabler Reiseführer nicht unbedingt geeignet
– Insider '84 – Berlin (DM 8,–; preiswerter Berlinführer für junge Leute, als Ergänzung brauchbar)
– dtv MERIAN Reiseführer Berlin (DM 22,80; umfangreicher Reiseführer mit vielen praktischen Hinweisen)
– Richtig reisen: Berlin (DM 32,–; umfangreiches Einstimmungsbuch auf Berlin, mit vielen Abbildungen und praktischen Hinweisen)

I. Lesen Sie, sprechen Sie laut, und schreiben Sie diese
   starken und unregelmäßigen deutschen Verben. Reim und
   Rhythmus sollen Ihnen beim Lernen helfen.

Gruppe 1

i:	o	o	
fließen	floß	ist geflossen	to flow
gießen	goß	hat gegossen	to pour, (water)
riechen	roch	hat gerochen	to smell
schießen	schoß	hat geschossen	to shoot
schließen	schloß	hat geschlossen	to close

i:	o:	o:	
biegen	bog	hat gebogen	to bend
bieten	bot	hat geboten	to offer
fliegen	flog	ist geflogen	to fly
fliehen	floh	ist geflohen	to flee
frieren	fror	hat/ist gefroren	to freeze
schieben	schob	hat geschoben	to push
verlieren	verlor	hat verloren	to lose
wiegen	wog	hat gewogen	to weigh
ziehen	zog	hat/ist gezogen	to pull, draw

Gruppe 2

i	a	u	
binden	band	hat gebunden	to bind
finden	fand	hat gefunden	to find
gelingen_d	gelang	ist gelungen	to succeed
klingen	klang	hat geklungen	to sound
singen	sang	hat gesungen	to sing
sinken	sank	ist gesunken	to sink
springen	sprang	ist gesprungen	to jump
trinken	trank	hat getrunken	to drink
verschwinden	verschwand	ist verschwunden	to disappear
zwingen	zwang	hat gezwungen	to force

HÖRVERSTÄNDNIS 2: WOHNUNGSSUCHE UND ARBEITSLOSIGKEIT

A. Beantworten Sie die Fragen, um Ihr Verständnis zu überprüfen.

1. Von welcher Zeitperiode spricht das Ehepaar Hintze?

_____

2. Nennen Sie zwei große Probleme dieser Zeit.

a. _____

b. _____

B. Setzen Sie in den Lückentext passende Wörter ein.

Hedwig und Erwin Hintze kannten sich schon _____ _____
lang, ehe sie zusammenzogen. Sie trauten sich nicht, zu
_____, weil die Arbeitgeber gegen verheiratete
_____ diskriminierten und sie sofort _____.
Es gab ja genug andere Arbeitskräfte. Zuerst _____
sie ein Leerzimmer in einem Neubau, aber dann schlossen sie
sich mit _____ zusammen und bildeten eine
Wohngemeinschaft. Das besondere an diesem Arrangement war
für diese Zeit, daß beide _____ _____
waren. Jedes Paar hatte _____ separates _____,
und sie _____ die Küche und ein _____ _____,
in dem die Faltboote und _____ _____ standen.
Aus dieser Wohnung _____ die Hintzes
_____, weil ihre Freunde die Einzimmerwohnung
_____ erbten. Während es schwer war,
kleine Wohnungen zu finden, _____ _____ _____
leer. Zum großen Teil hatten diese Wohnungen Menschen
gehört, die in dieser Zeit Deutschland _____
mußten und _____ gingen. Schließlich mieteten die
Hintzes eine neue Wohnung, aber mit der Bedingung, daß sie
innerhalb eines _____ _____ würden. Wegen
der _____ heirateten sie also _____ _____ _____.

HÖRVERSTÄNDNIS 3:   NACHKRIEGSZEIT

VOKABELHILFE:

die Versorgung, (sorgen für)	*supplies, infrastructure*
elend	*miserable, destitute*
die Wunde	*wound*
das Geschwür	*open festering wound*
ein.gehen	*sterben, (coll.), auch von einem Tier*
die Tapete (tapezieren)	*wall paper*
der Lehm	*loam*
der Friedhof	*cemetery*
die Scheuerleiste	*baseboard*
einweichen	*to soak*
der Riß, -e	*crack, tear*

A. Beachten Sie, wie dieses Interview beginnt und endet.

   1. Schreiben Sie den ersten Satz des Textes wörtlich nieder.

   _____

   _____

   2. Das Interview endet mit drei bewegenden (*moving*) Sätzen über diese Zeit. Schreiben Sie die letzten zwei auf.

   Frau Hintze: <u>Wir sind glücklich</u>.

   Herr Hintze: _____

   Frau Hintze: _____

B. Beantworten Sie die Fragen, um Ihr Verständnis zu zeigen.

   1. Welche Zeit behandeln die Hintzes mit ihren Erinnerungen diesesmal?

   _____

   2. Nennen Sie die drei größten Probleme?

   a. _____

   b. _____

   c. _____

C. Vollenden Sie die Sätze mit passenden Wörtern.

   1. Die Hintzes wohnen südlich von Berlin, entscheiden sich aber im Sommer '45, _____

   _____.

   2. Bei der miserablen Versorgung der Gegend um Berlin war eine der Attraktionen für den Umzug die Tatsache, daß es in Berlin _____ _____.

- 141 -

3. Das Ehepaar Hintze versuchte, so gut wie möglich die Risse und Löcher in der alten Wohnung auszustopfen und die Wände zu verschönern. Was für Material haben sie dabei benutzt?

   a. _____

   b. _____

   c. _____

   d. _____

   e. Fensterrahmen aus ...

Einwöchige Studien- und Informationsreise nach Berlin

<u>Samstag</u>

7:00 Uhr   Abfahrt von Trier mit dem Bus am Simeonsstiftplatz hinter der Porta Nigra. Fahrt über Wittlich-Autobahn Köln - Leverkusen - Hannover - Helmstedt - Berlin.

gegen 13:00 Uhr   Mittagessen in einer Autobahnraststätte
gegen 19:00 Uhr   Ankunft in Berlin
                   <u>Unterkunft</u>:   St. Michaels Heim
                                        Bismarckallee 23
                                        1000 Berlin 33
                                        Tel.:   030/8914066

                   Informationszentrum Berlin:
                                        Hardenbergstr. 20
                                        1000 Berlin 12
                                        Tel.:   030/310040

<u>Sonntag</u>

9:00 Uhr   Informationsfahrt durch das nördliche Berlin unter besonderer Berücksichtigung des Märkischen Viertels und Besichtigung markanter Punkte an der Sektorengrenze. Besuch der Gedenkstätten für die Opfer des Nationalsozialismus. Dauer: ca. 3 1/2 Stunden.

14:00 Uhr   Informationsfahrt durch das südliche Berlin mit Gropiusstadt, Grunewald, die Seenplatte. Dauer: ca. 3 1/2 Stunden.

<u>Montag</u>

9:00 Uhr   Vortrag im Informationszentrum Berlin Hardenbergstr. 20: Die politische, kulturelle und wirtschaftliche Situation Berlins mit einer einführenden Filmvorstellung. Dauer: ca. 2 Stunden.

nachmittags   Zur freien Verfügung.

<u>Dienstag</u>

9:00 Uhr   Vortrag im Gesamtdeutschen Institut Fehrbelliner Platz: "Die Situation in der DDR", Gespräch mit einem freien Mitarbeiter der Bundesanstalt für gesamtdeutsche Aufgaben.

	Dauer: ca. 2 Stunden.
nachmittags	Stadtrundfahrt durch Ostberlin; Besuch des Pergamon Museums; Möglichkeit zur Diskussion bei Kaffee und Kuchen; ca. eine Stunde zur freien Verfügung.

Mittwoch

Zur freien Verfügung. Museen in Dahlem: Gemäldegalerie-Museum für Indische Kunst - Museum für Völkerkunde. Museen im Schloß Charlottenburg: Kunstgewerbe Museum - Ägyptisches Museum. Theater: Schaubühne, Deutsche Oper Berlin Botanischer Garten Wannsee: Strandbad, Bootsbetrieb Einkaufsmöglichkeiten: KaDeWe, usw.

Donnerstag

9:00 Uhr	Besuch des Reichstagsgebäudes. Führung durch die Ausstellung "Fragen an die deutsche Geschichte - Ideen, Kräfte, Entscheidungen von 1800 bis zur Gegenwart".
12:00 Uhr	Mittagessen auf Einladung des Deutschen Bundestages.
nachmittags	Zur freien Verfügung.

Freitag

7:00 Uhr	Rückreise über Helmstedt - Frankfurt (mit Ausstiegsmöglichkeit am Flughafen) - Trier.
gegen 13:00 Uhr	Mittagessen in einer Autobahnraststätte.
gegen 19:00 Uhr	Ankunft in Trier.

ZUSAMMENFASSUNG DER VOKABELN -- KAPITEL 6

das Abkommen, -	*treaty*
an.bieten jdm etwas	*to offer sb. sth.*
das Angebot, -e	*offer*
die Angst, -"e	*fear*
Angst haben vor	*to fear, be afraid of*

besetzen etwas	to occupy sth.
die Besatzungsmacht, -mächte	occupation force
der Besitz	property, possession
besorgen jdm etwas	to get sb. sth.
bestrafen jdn für	to penalize sb. for
bestrafen etwas	to punish sth.
die Bestrafung, -en	penalty
dienen jdm/etwas	to serve sb./sth.
der Dienst, -e	service
die Dunkelheit	darkness
der Eindruck, -"e	impression
entwickeln sich$_a$	to develop
entwickeln etwas	to develop sth.
die Entwicklung, -en	development
erleben jdn/etwas	to experience sb./sth.
das Erlebnis, -se	experience
erreichen jdn/etwas	to reach sb./sth.
erreichen etwas	to achieve sth.
erreichbar	reachable
der Fortschritt, -e	progress
der Frieden	peace
der Führerschein, -e	driver's licence
fürchten sich$_a$ vor	to be afraid of
die Furcht	fear
die Gesellschaft, -en	society, company (commerc.)
genießen etwas genoß, genossen	thoroughly enjoy sth.
die Grenze, -n	border
gründen etwas	to found sth.
der Gründer, -	founder
die Gründung, -en	founding

günstig	advantageous
kontrollieren jdn/etwas	to check, control
der Reisepaß, -"e	passport
regeln etwas	to regulate sth.
die Regel, -n	rule
die Regelung, -en	regulation
regieren	to govern
die Regierung, -en	government
der Schutz	protection
sorgen für jdn/etwas	to care for sb./sth.
teilen etwas	to divide, partition sth.
teilen etwas mit jdm	to share sth. with sb.
der Teil, -e	part
die Teilung, -en	partitioning
trauen jdm	to trust sb.
trauen sich$_a$, etwas zu tun	to dare do sth.
die Überraschung, -en	surprise
der Unfall, -"e	accident
unterschreiben etwas	to sign sth.
unterzeichnen etwas	to sign (formal)
die Unterzeichnung, -en	signature
vereinbaren etwas	to agree on sth.
die Vereinbarung, -en	agreement
der Verkehr	traffic
der Vertrag, -"e	treaty
verzichten auf	to do without, forgo, renounce
zusammen.schließen sich$_a$ schloß, geschlossen	to unite, combine

GESELLSCHAFT
■ IM WANDEL ■

7

HÖRVERSTÄNDNIS 1:
MEIN MANN KOMMT IMMER SO SPÄT NACH HAUSE

VOKABELHILFE:
das Tartar	= *steak tartar*
der Schwiegervater	= *father-in-law*
den Tisch decken	= *to set the table*
weg.werfen	= *to throw away*
auf.heben (im Kühlschrank)	= *to keep, store*
ausrichten jemandem etwas	= jemanden informieren
keine Ahnung haben	= *to have no idea*
satt sein	= gar nicht hungrig sein
klappen	= o.k. sein
hin sein (*coll.*)	= kaputt/vorbei sein

A. Machen Sie sich beim Hören Notizen zu den Fragen unten.

1. Warum konnte Herr Niedert nicht pünktlich nach Hause kommen?

   _____

2. Warum will er nicht zu Abend essen?

   _____

3. Warum ist Frau Niedert so unglücklich?

   _____

4. Welches Argument hat Herr Niedert gegen die Einladung bei Müllers?

   _____

5. Was will er aber am nächsten Wochenende mit seiner Frau unternehmen?

   _____

6. Warum müssen die Pläne geändert werden?

   _____

7. Welche Lösung schlägt Herr Niedert deshalb vor?

   _____

B. Versuchen Sie auch, beim Anhören der Niedert-Szene, Intentionspartikeln wie *doch, mal, denn, ja* im Kontext zu identifizieren. Notieren Sie Phrasen mit einigen.

_____

_____

_____

_____

ZUM SELBSTSTUDIUM

A. Welchen Unterschied gibt es zwischen den folgenden Satzpaaren, mit und ohne Partikeln. Geben Sie englische Übersetzungen (manchmal ändert sich nur die Intonation).

1. Sei mir nicht böse!   Sei mir *doch* nicht böse!

_____

2. Kommst du heute abend?   Du kommst *doch* heute abend.

_____

3. Ruf bitte an!   Ruf *doch* mal an!

_____

4. Freust du dich nicht über das Geschenk?   Freust du dich *denn* nicht über das Geschenk?

_____

5. Wenden Sie sich an Herrn Keller!   Wenden Sie sich *doch* an ihn!

_____

6. Du weißt, Sandra kommt mit.   Du weißt *ja*, Sandra kommt mit.

_____

7. Peter geht.   Peter geht *doch* (*stressed*), (obwohl er wenig Zeit hat).

_____

Frau ⇨ Beruf ⇨ Familie

B. Schreiben Sie die passenden Präpositionen von der Liste neben die Verben.
an, auf, für, mit, nach, um, über, nach, vor

1. danken _____   7. nachdenken _____
2. freuen sich _____   8. sprechen _____
3. abhängen _____   9. umgehen _____
4. aufpassen _____   10. beschäftigen sich _____
5. verzichten _____   11. erkundigen sich _____
6. kümmern sich _____   12. Verständnis zeigen _____

C. Setzen Sie passende **da**-Formen ein.

1. Niederts sind bei Müllers eingeladen. Frau Müller freut sich über die Einladung. Aber Herr Niedert ist müde vom Büro gekommen und freut sich gar nicht _____.

2. Guido interessiert sich für Musik. Aber sein jüngerer Bruder interessiert sich überhaupt nicht _____.

3. Hast du dich schon nach dem Zimmerpreis erkundigt? - Nein, bisher hatte ich keine Zeit. Ich werde mich aber morgen _____ erkundigen.

4. Aber Mark, das ist doch dein neues Fahrrad! Wie gehst du denn _____ um?

5. Seit Wochen sagt Daniela Robert, daß er diesmal die Miete bezahlen muß. Aber er läßt sich nicht _____ überzeugen.

6. Heute möchte ich mich noch nicht entscheiden. _____ muß ich erst noch etwas nachdenken.

7. Ich möchte mich um einen Studienplatz bewerben.

   - _____ interessieren Sie sich denn?

8. Jochen, wir sind bei unseren Nachbarn eingeladen.

   - Nein, danke, ich bin so müde, _____ kann ich verzichten.

9. Wir gehen heute abend ins Konzert. Ich freue mich schon sehr _____.

D. Versuchen Sie jetzt selbst, die folgenden Sätze mit *vorverweisendem da* weiterzuführen.

   1. Ich möchte dir sehr *dafür* danken, _____

   2. Ellen und Thomas haben den ganzen Abend *darüber* gesprochen, _____

   3. Ob Anja an der Harvard University studieren wird, hängt ganz *davon* ab, _____

   4. Ich weiß nicht, warum du dich so *davor* fürchtest, _____

   5. Ich werde mich nie *daran* gewöhnen, _____

E. Lesen Sie, sprechen Sie laut, und schreiben Sie diese starken und unregelmäßigen deutschen Verben. Reim und Rhythmus sollen Ihnen beim Lernen helfen.

Gruppe 3

ei	i	i	
beißen	biß	hat gebissen	to bite
gleichend	glich	hat geglichen	to resemble
leiden an/unter	litt	hat gelitten	to suffer from/under
reiten	ritt	hat/ist geritten	to ride
schneiden	schnitt	hat geschnitten	to cut
streiten	stritt	hat gestritten	to quarrel/argue

ei	i:	i:	
beweisen	bewies	hat bewiesen	to prove
bleiben	blieb	ist geblieben	to stay
leihen	lieh	hat geliehen	to lend/borrow
scheiden	schied	hat/ist geschieden	to depart/separate
scheinen	schien	hat geschienen	to shine, seem
schreiben	schrieb	hat geschrieben	to write
schweigen	schwieg	hat geschwiegen	to be silent
steigen	stieg	hat/ist gestiegen	to ascend/climb
treiben	trieb	hat/ist getrieben	to pursue/drift

Gruppe 4

e/e:	i/i:	a/a:	o/o:	
bewerben sich$_a$ um	(bewirbt)	bewarb	hat beworben	to apply for
brechen	(bricht)	brach	hat/ist gebrochen	to break
empfehlen jemandem etwas	(empfiehlt)	empfahl	hat empfohlen	to recommend
gelten	(gilt)	galt	hat gegolten	to be valid
helfen	(hilft)	half	hat geholfen	to help
nehmen	(nimmt)	nahm	hat genommen	to take
sprechen	(spricht)	sprach	hat gesprochen	to speak
stehlen	(stiehlt)	stahl	hat gestohlen	to steal
sterben	(stirbt)	starb	ist gestorben	to die
treffen	(trifft)	traf	hat getroffen	to meet
werben	(wirbt)	warb	hat geworben	to advertise
werfen	(wirft)	warf	hat geworfen	to throw

i	a	o	
beginnen	begann	hat begonnen	to begin
gewinnen	gewann	hat gewonnen	to win

ZUM LESEVERSTÄNDNIS 1

Berufstätige Mutter oder Hausfrau

A. Nachdem Sie die Kurztexte auf Seite 233-234 im Textbuch gelesen haben, entscheiden Sie für jedes Kind, ob die Mutter berufstätig ist oder nicht, ob sie ihren Beruf im Haus oder außerhalb des Hauses ausübt, die Länge der Arbeitszeit, und die Art der Arbeit. Tragen Sie diese Information in die Tabelle ein. Manchmal ist nicht alle Information gegeben; machen Sie dann einen Strich (*line*).

Name	Berufstätig Ja	Nein	Wo? im Haus	außerhalb	Länge der Arbeit	Art der Arbeit
Marina						
Franziska						
Ingo						auf Kind aufpassen
Simone						
Peter						
Corinna						
Yasmin						
Gerhardt						
Christina						
Heribert						
Robert						
Heinz						
Jorg						
Martin						

B. Suchen Sie jetzt die wichtigsten Argumente für und gegen die Berufstätigkeit einer Frau aus der Perspektive der Kinder.

Vorteile des Berufs

mehr Geld

Nachteile des Berufs

Streiten mit Geschwistern

Vorteile des Hausfrauseins

Essen steht auf dem Tisch

Nachteile des Hausfrauseins

nicht genug allein sein

Zur Person

Frau mit Mut

Sie hatte Verbindungen zum Widerstand gegen Hitler, erhielt 1971 als erste deutsche Frau den Friedenspreis des Deutschen Buchhandels, wurde als erste deutsche Journalistin mit der Ehrendoktorwürde des Smith-College in Massachusetts ausgezeichnet, warb gleich nach dem Krieg auch im Ausland für ein neues, demokratisches Deutschland: Marion Gräfin Dönhoff, 1909 in Ostpreußen geboren, ist eine ungewöhnliche Frau. Von 1966 bis 1973 war sie Chefredakteurin der angesehenen Hamburger Wochenzeitung „Die Zeit", zu der sie noch heute als Mitherausgeberin gehört. Sie schrieb Bücher und Leitartikel, in denen sie komplizierte politische Sachverhalte knapp, kritisch und allgemeinverständlich darstellt. In Paris wurde sie nun mit einem Preis ausgezeichnet, den die französische Schriftstellerin Louise Weiss (1893-1983) gestiftet hat. „Die Stifterin und die Preisträgerin gehören beide zur Rasse der Kämpfer und Sieger", heißt es in der Laudatio.

Marion Gräfin Dönhoff

ZUM HÖRVERSTÄNDNIS 2 UND ZUM LESEVERSTÄNDNIS

Komm donnerstags (auf den Seiten 245-249 im Textbuch)

A. Kreuzen Sie die englischen Wörter an, die im Kontext am besten für die markierten deutschen Wörter passen.

1. im <u>kahlgeräumten</u> Wohnzimmer
   a. *cleared out*
   b. *cleaned up*
   c. *roomy*

2. Du argumentierst <u>fadenscheinig</u>
   a. *convincingly*
   b. *insightfully*
   c. *shakily*

3. das Leben ist so <u>öde</u>
   a. *boring*
   b. *difficult*
   c. *demanding*

4. ein komisches Kind, fast ein bißchen <u>abstoßend</u>
   a. *homey*
   b. *pushy*
   c. *repulsive*

5. sie spürte Scham, weil sie <u>lauschte</u>
   a. *eavesdropped*
   b. *was loud*
   c. *interrupted*

6. ich hatte <u>keine blasse</u> Ahnung
   a. *no doubt whatsoever*
   b. *no warning*
   c. *not the faintest idea*

7. ich <u>verzichte ungern</u> auf Siegbert
   a. *don't like to miss Siegbert*
   b. *don't like to spend time with Siegbert*
   c. *don't like to bother Siegbert*

8. ein Abend, auf den wir Unverheirateten leider <u>verzichten müssen</u>
   a. *have to wait for*
   b. *have to do without*
   c. *have to pass up*

B. Für welche Textstellen sind folgende Sätze Paraphrasen? Schreiben Sie diese in die Lücken.

1. Es ist nichts besonders Delikates, aber bewirkt für mich das, was ich brauche.

   _____

   _____

2. Zu viel unnötige Arbeit, nicht genug Vergnügen.

   _____

   _____

3. ... die erste leise Furcht ... sich in ein ungutes Gefühl und Ressentiment veränderte

   _____

   _____

4. ... als arbeitender bedauernswerter Mensch muß man immer zeitig aufstehen

   _____

   _____

5. Sie hatte ein gutes Gefühl darüber, daß sie sich vorgenommen hatte, nicht zu erzählen, daß Cäcilie eine Verbindung mit einem anderen Mann hatte.

   _____

   _____

C. Wohmann beschreibt in dieser Erzählung die Persönlichkeiten der beiden Frauen durch die Qualität ihrer Stimme (*voice*) und ihrer Sprache. Notieren Sie einige Textstellen:

   <u>Martha</u>
   Marthas dunkle Stimme summte.

   _____

   _____

Cäcilie

Cäcilie kicherte.

D. Beide Frauen haben falsche Vorstellungen und bestimmte Erwartungen von dem Leben der Freundin. Was sind diese?

Martha über Cäcilie

Cäcilie über Martha

ZUM LESEVERSTÄNDNIS 2
Fünf Kurztexte (auf den Seiten 256-257 im Textbuch)

A. **Texte 1 und 2**
Der amerikanische *Civil Rights Act* und der Artikel 3 des Grundgesetzes scheinen dasselbe Thema zu haben. Wo sind sie ähnlich, in welchem wichtigen Punkt unterscheiden sie sich? (Wenn nötig, antworten Sie auf englisch.)

B. **Texte 3 und 4**
   1. Beide Texte basieren auf bestimmten Vorstellungen von der Rolle des Mannes. Nennen Sie einige.

   _____

   _____

   2. Text 3 berichtet primär über die Bedeutung des Berufes für die Frau. Was können Frauen in der Berufswelt bieten?

   _____

   _____

   3. Text 4 behandelt ein Zuhausebleiben des Mannes nicht als Verlust, sondern als Gewinn für ihn. Erklären Sie.

   _____

   _____

   _____

C. **Text 5**
   Manchmal arbeitet man nur weiter, um einen fernen Traum verwirklichen zu können. Wovon träumt unsere Erzählerin?

   _____

LÖSUNGEN

Textbuch, Seite 244, Passiveinsetzübung

1. Wir müssen einfach erkennen, daß nicht nur im Beruf, sondern auch zu Hause Selbstverwirklichung gefunden werden kann.

2. Vor allem muß der Wert eines intakten Familienlebens ernst genommen werden.

3. Das bedeutet, daß Zuhören und Verständnis frühzeitig geübt werden müssen.

4. Auf diese Weise können die Kinder zu Vertrauen in die Zukunft erzogen werden.

5. Bei den Problemen der heutigen Jugend sollte man sich wirklich fragen, ob die Vielzweckfrau von den Medien als Idealbild in den Vordergrund gestellt werden soll.

6. Allerdings ist das alles nur sinnvoll, wenn der Beruf der Hausfrau von der Gesellschaft als gleich wichtiger Beruf angenommen und anerkannt wird.

7. Bis dahin muß aber noch ein weiter Weg zurückgelegt werden.

Textbuch, Seite 255, Übung H

das Haus, in dem wir vor zehn Jahren wohnten
der Hund, den mir meine Eltern zum Geburtstag schenkten und
　　alle die anderen Tiere, mit denen ich aufgewachsen bin
die Blumen, die im Sommer blühten
die Kinder, mit denen ich gern spielte
neben der Schule, die ich besuchte
mit den Nachbarn, von denen ich immer Süßigkeiten bekam
die Reisen, die wir in den Ferien machten
die Fußballspiele, die meine Freundin/mein Freund und ich
　　genossen
der Tanz, zu dem ich sie/ihn einlud
die Zeiten, die so schnell vorbeigehen

Frischer

gut aussehender Endvierziger, in der Nähe von Zürich wohnend, in guter Anstellung, mit gutem Auskommen und einigen Reserven, will sich ein eigenes Glück aufbauen. Dazu sucht er, zwecks Heirat, eine gepflegte Herzdame von 30—45 Jahren, Kinder nicht ausgeschlossen, mit solidem finanziellem Hintergrund. Bitte Zuschriften mit Photo unter Chiffre 1018, Pfändler Annoncen AG, Lutherstraße 2, CH-8004 Zürich.

Gesucht wird eine Vollblutfrau

zärtlich, mit viel Herz, von einem Vollblutmann mit gleichen Anlagen, um ein neues, gemeinsames Leben aufzubauen. Sie sind eine attrakt., intell. Frau v. ca. 35–45 J., sehr weibl. gerne vollschlk., gut proportioniert, die kultiv., mit einem Schuß Romantik leben möchte. Ihnen steht gegenüber ein nicht so schlecht aussch., sportl. Fünfziger, 1,86, gesch., o. Anhang. Meine Hobbies sind Marketing/Innenarchitektur, selbst., Tennis, Radeln, Wandern, Reisen, Kochen „cuisine française" u. die Natur lieben. Finanz. gibt es keine Probleme, wir sind beide unabh. Bitte schreiben Sie mir mit Bild unter W D 399024 an die Frankfurter Allgemeine, Postfach 2901, 6000 Ffm. 1.

Wirtschaftsingenieur

kein Supermann, aber Charakter, ansprechendes Äußeres, Unternehmungslust und Mut zu dieser Anzeige, ledig, 33, groß, schlank, in guter Position, sucht die Lebenspartnerin in Jeans und Robe für ehrliche Gemeinsamkeit. Bildkontakt bei sofortiger Antwort unter W L 398541 an die Frankfurter Allgemeine, Postfach 2901, 6000 Ffm. 1.

ZUSAMMENFASSUNG DER VOKABELN -- KAPITEL 7

ab.steigen
  stieg, ist gestiegen
to descend

der Abstieg, -e
descent

auf.passen
to pay attention, heed

auf.passen auf jdn/etwas
to take care of, look after sb./sth.

auf.steigen
to ascend, advance

der Aufstieg, -e
ascent, advance

auseinander.setzen sich$_a$ mit über
to argue about sth. with sb. deal with sb./sth.

die Auseinandersetzung, -en
argument

aus.kommen mit
  kam, bin gekommen
to get along with

bedauern jdn
to feel sorry for sb.

bedauern etwas
to regret sth.

bei.treten etwas$_d$
  trat, ist getreten
to join an organization

der Beitritt, -e
joining of an organization

beleidigen jdn
to offend, insult sb.

die Beleidigung, -en
offense, insult

beneiden jdn um etwas
to envy sb. for sth.

benachteiligen jdn
disadvantage sb.

berechtigt sein zu
to be entitled to

die Berechtigung, -en
entitlement, right

berufstätig
employed, working

betrachten jdn/etwas
to observe, look at sb./sth.

betrachten jdn/etwas als
to consider sb./sth. as

bevorzugen jdn/etwas
to prefer sb./sth.

ernst
serious

ernst nehmen jdn/etwas
  nahm, genommen
to take sb./sth. seriously

fertig werden mit	to be able to deal with
die Gefahr, -en	danger
gefährdet	endangered
die Gefährdung, -en	act of endangering sb./sth.
gefährlich	dangerous
das Gesetz, -e	law
ein Gesetz entwerfen entwarf, entworfen	to draft a law
ein Gesetz erlassen erließ, erlassen	to pass a law
gesetzlich	legal
(ge)trauen sich$_a$, etwas zu tun	to dare do sth.
gewohnt sein etwas	to be accustomed to
gewohnt sein, etwas zu tun	to be used to doing sth.
die Gleichberechtigung	equal rights
das Grundgesetz	Basic Law (the German constitution)
das Grundrecht, -e	basic law
kümmern sich$_a$ um	to take care of, care about, worry about
die Langeweile	boredom
langweilig	boring
ledig	unmarried
lieben jdn/etwas	to love sb./sth.
die Liebe	love
lieblich	lovely
der Liebling, -e	darling, favorite
merken etwas	to notice, sense sth.
merken sich$_d$ etwas	to remember sth.
das Mißverständnis, -se	misunderstanding
das Recht, -e	right, law
rechtlich	legally
richtig	correct

scheiden lassen sich$_a$	to get divorced
die Scheidung, -en	divorce
die Geschiedenen (pl)	divorced people
die Schuld	guilt
selbständig	independent
die Selbständigkeit	independence
stören jdn bei	to disturb sb. during
die Störung, -en	disturbance, interruption
die Tätigkeit, -en	activity
unabhängig	independent
verändern jdn/etwas	to change
verheiratet	married
verhindern etwas	to keep sth. from happening
verkraften etwas	to deal with, handle sth.
verlieben sich$_a$ **in**	to fall in love with
die Verliebten (pl)	lovers
verloben sich$_a$ **mit**	to become engaged to
die Verlobten (pl)	engaged couple
vermeiden etwas	to avoid sth.
vermied, vermieden	
versprechen jdm etwas	to promise sb. sth.
versprach, versprochen	
Verständnis haben/zeigen für	to show an understanding for
(ver)trauen jdm/etwas	to trust sb./sth.
das Vertrauen	trust
vor.ziehen jdn/etwas jdm/etwas	to prefer sb./sth. to sb./sth.
der Vorzug, -"e	advantage
wandeln sich$_a$	to change
der Wandel	change
zurecht.kommen mit	to get along with, deal with, handle

MODERNES LEBEN ZUM ÜBERLEBEN

8

ZUM HÖRVERSTÄNDNIS 1: HEIMAT UND KEINE

In beiden Teilen des Interviews kommen zumindest zwei Personen zu Wort. Zunächst spricht Heinrich Böll selbst, langsam und nachdenklich. Außerdem hören Sie einen Sprecher, der Informationen wiedergibt, die man aus dem Gespräch mit Böll entnommen und zu einem zusammenhängenden Text verbunden hat. Dieser Text wird gelesen und ist deshalb etwas schneller gesprochen. Und schließlich bringt der erste Teil ganz kurz die Stimme des Interviewers, der sich eigentlich mit Böll unterhalten hat.

Falls Sie dieses Interview schwierig finden, können Sie es sich zusammen mit dem Text anhören. Dieser ist am Ende des Kapitels abgedruckt.

Übrigens, einige der Straßennamen, an die sich Böll in seiner Heimatstadt Köln erinnert (Karolingerring, Ubierring, Chlodwigplatz), können Sie am unteren Rand des Stadtplans von Köln im ersten Kapitel finden.

VOKABELHILFE

geraten	*hier*: kommen
ergeben sich	resultieren
Wie stehen Sie dazu?	Was ist Ihre Meinung?
niederländisch	holländisch

A. Nennen Sie Aspekte, die den Wohnort zum Zuhause machen.

1. _____

2. _____

3. _____

B. Beantworten Sie die Fragen und füllen Sie passende Wörter in die Lücken ein.

1. Welches Ereignis schneidet mitten durch Bölls

    Erinnerungen von seiner Heimatstadt? _____

    _____.

2. Er spricht deshalb von zwei Köln, _____

    und _____.

3. Immer wichtiger wird ihm aber nicht die physikalische Heimatstadt Köln, sondern _____

4. Hier nennt er besonders _____ und _____.

5. Obwohl Köln vor allem für seine gotische Kathedrale bekannt ist, empfindet Böll die Stadt als romanische Stadt und kulturell mit _____ verbunden.

ZUM SELBSTSTUDIUM

A. Wählen Sie die richtige Variante: **wegen, weil oder deshalb**.

1. _____ der Gefahr der Wasserverschmutzung müssen Abwässer gefiltert werden, bevor sie in Flüsse oder Seen fließen.

2. Das Freiluftkonzert mußte abgesagt werden, _____ es seit Tagen geregnet hatte.

3. Trotz aller technisch möglichen Kommunikationsmittel spricht man heute von zwischenmenschlicher Kontaktarmut. Gerade _____ sind viele junge Leute dem modernen Leben gegenüber skeptisch.

4. _____ die Flugpreise enorm gestiegen waren, konnte sich das Brautpaar keine Hochzeitsreise leisten.

5. Caroline und Max haben sich scheiden lassen. Und das nur _____ einer kleinen Auseinandersetzung darüber, wer den Haushalt führen sollte.

B. Wählen Sie die richtige Variante: **trotz, obwohl oder trotzdem**.

1. _____ der Gefahren muß man die technische Entwicklung positiv sehen.

2. Es regnete in Strömen. _____ demonstrierten Tausende gegen Atomrüstung.

3. Rolf bewarb sich um eine Stelle bei Siemens, _____ er wenig Aussichten hatte, sie zu bekommen.

4. _____ gesetzlicher Gleichberechtigung verdienen Männer bei gleicher Arbeitsleistung immer noch mehr als Frauen.

5. Hans raucht immer noch zwanzig Zigaretten am Tag, _____ er weiß, daß das seiner Gesundheit schadet.

C. Wählen Sie die richtige Variante: **statt, statt zu oder stattdessen.**

1. Jürgen raucht nicht mehr. _____ trinkt er jetzt.

2. Thomas ging Tennisspielen, _____ auf die Kinder aufzupassen.

3. Obwohl ihm der Arzt das verboten hat, ißt Klaus immer noch Käse _____ Gemüse.

D. Sie können sich vielleicht noch an den Lesetext „Ferienland-Musikland-Festland" aus Kapitel 4 erinnern. Den Anfangsparagraphen haben wir nochmals abgedruckt. Identifizieren Sie bitte die Genitivstrukturen und schreiben Sie sie in die Lücken. Schreiben Sie Nomen + Nomen im Genitiv

BEISPIEL: **das Land der weißen Lippizanerpferde**

Österreich ist das Land von Johann Strauß, Kaiser Franz Joseph, der weißen Lippizanerpferde, der Sängerknaben. Die Heimat toller Skifahrer und Bergsteiger. Aber auch das Land, das, obwohl es an den Eisernen Vorhang grenzt, ein neutrales, freies, demokratisches Land mit hochentwickelter Wirtschaft und sozialer Sicherheit ist. Mitten im Herzen Europas und daher eine ideale Stätte der Begegnungen zwischen Ost und West. Kein Wunder, daß Österreich eine UNO-City in Wien beherbergt und ein Lieblingsplatz internationaler Kongresse ist, von allen Weltteilen aus gut erreichbar.

1. die Heimat _____

2. _____

3. _____

4. _____

E. Schreiben Sie eine ähnliche Gruppe von identifizierenden Genitivkonstruktionen für eine Werbebroschüre für Amerika!

BEISPIEL: **Amerika, das Land der Freiheit**

1. Amerika, das Land _____

2. die Heimat _____

3. der Kontinent _____

4. das Land _____

5. die Hoffnung _____

F. Verändern Sie die Nebensätze in Nominalphrasen mit einer Genitivpräposition aus der Liste: statt, trotz, während, wegen.

BEISPIEL: **Weil die Hitze so groß war,** blieben wir zu Hause.
Wegen der großen Hitze blieben wir zu Hause.

1. Weil Sommerferien sind, haben im Juli und August in Deutschland viele Geschäfte geschlossen.

   _____

2. Man tut das, obwohl es Touristensaison ist und obwohl die Geschäfte großen Profit machen.

   _____

3. Aber man will nicht, daß einer mehr arbeiten soll, weil ein Kollege Urlaub hat.

   _____

4. Anstatt härter zu arbeiten, bekommen also alle eine wohlverdiente Pause von der Hektik des Arbeitslebens.

   _____

G. Setzen Sie Genitivformen der angegebenen Nominalphrasen in die Lücken. Beachten Sie bitte auch die Formen der Adjektive.

alte Bürgerhäuser, die Innenstadt, fröhliche Kinder, der Lärm, die monotonen Siedlungen, viele Städte, lustige Straßenmusikanten, der Verkehr, der hektische Wiederaufbau

Die Stadt wird wieder menschlich

1. In den Jahren _____

    nach dem Krieg wurde das Zentrum _____ immer häßlicher.

2. Während am Stadtrand die Zahl _____ _____

    _____ ständig wuchs, verfielen die früheren organischen Wohngebiete.

3. An ihre Stelle traten Kaufhäuser, Büropaläste und

    Hochgaragen, und wegen _____ _____ konnte sich niemand heimisch fühlen.

4. Jetzt versucht man aber diese Entwicklung rückgängig

    zu machen. Die Straßen und Plätze _____

    _____ werden in Fußgängerzonen umgewandelt, die

    Fassaden _____ _____ werden liebevoll

    restauriert, und anstatt _____ _____

    hört man jetzt die Lieder _____ _____

    und das Lachen _____ _____.

H. (Optional) Könnten Sie die Sätze sinnvoll beenden? Versuchen Sie es!

Liebeeeeeeeeeeeeeeeeeeeeeeeende?

1. Trotz des großen Altersunterschieds _____

   _____

2. Obwohl Sonja und Gerd sich _____

_____

3. Statt eines Diamantringes _____

_____

4. Wenn sie auch manchen Streit hatten, _____

_____

I. Lesen Sie, sprechen Sie laut, und schreiben Sie diese starken und unregelmäßigen deutschen Verben.

Gruppe 5

e/e:	a:	e/e:	
essen (ißt)	aß	hat gegessen	to eat
fressen (frißt)	fraß	hat gefressen	to eat (animal)
geben (gibt) jemandem etwas	gab	hat gegeben	to give
geschehen (geschieht)	geschah	ist geschehen	to happen
lesen (liest)	las	hat gelesen	to read
messen (mißt)	maß	hat gemessen	to measure
sehen (sieht)	sah	hat gesehen	to see
treten (tritt)	trat	hat/ist getreten	to tread
vergessen (vergißt)	vergaß	hat vergessen	to forget

i/i:	a:	e/e:	
bitten	bat	hat gebeten	to request
liegen	lag	hat gelegen	to lie
sitzen	saß	hat gesessen	to sit

Gruppe 6

a/a: ä	i/i:	a/a:	
fallen (fällt)	fiel	ist gefallen	to fall
fangen (fängt)	fing	hat gefangen	to catch
hängen (hängt)	hing	hat gehangen	to hang
halten (hält)	hielt	hat gehalten	to hold
lassen (läßt)	ließ	hat gelassen	to permit
raten (rät)	riet	hat geraten	to advise
schlafen (schläft)	schlief	hat geschlafen	to sleep

a/a: ä	**u/u:**	**a/a:**	
fahren (fährt)	fuhr	hat/ist gefahren	*to drive*
laden (lädt)	lud	hat geladen	*to load*
tragen (trägt)	trug	hat getragen	*to carry, wear*
wachsen (wächst)	wuchs	ist gewachsen	*to grow*
waschen (wäscht)	wusch	hat gewaschen	*to wash*

HÖRVERSTÄNDNIS 2:   HÜLCHRATHER STRAßE NUMMER 7

VOKABELHILFEN

aufgewühlte Erde	= *dug up soil*
verstopfen	= *to congest*
das Hupen	= *blowing a car's horn*
vortäuschen	= *to pretend*
betreffen	= *to concern*
angesichts der Zeitabläufe	= *in view of the events of the times*

Die vier Szenen dieses Teils des Gesprächs mit Böll beschreiben vier Aspekte des Alltags. Wir haben jeder Szene einen Kurztitel gegeben:
   Fremde unter uns
   Absurdität des modernen Verkehrs
   Geschichte und Fortschritt: das Leben am Rhein
   Gelassenheit und Unruhe

A. Finden Sie zunächst das zentrale Thema jedes Teils und schreiben Sie den richtigen Kurztitel neben die Szene.

   1. Szene 1 _____

   2. Szene 2 _____

   3. Szene 3 _____

   4. Szene 4 _____

B. Nun zu ein paar Einzelheiten in den Szenen.

   1. **Szene 1**
      a. Von welchem Strom ist die Rede? _____

Kalksteinplastik vom Kölner Dom, entstanden um 1375. Die Plastik wurde ins Diözesanmuseum gebracht, um vor völliger Zerstörung bewahrt zu werden.

b. Schreiben Sie Kontrastwörter aus dem Gespräch in die Lücken.

   ständig da: jeden Augenblick vergangen

   Fortschritt: _____

   stolzer Fluß: _____

   vorromanische Steine und Scherben: _____

   älteste Brücke und Kirche: _____

2. **Szene 2**

   a. Geben Sie Bölls Definition von einem Ballungszentrum (*urban congested area*): _____
   _____

   b. Welcher Aspekt des modernen Lebens steht im Mittelpunkt dieser Szene? _____

   c. Wie erleben die folgenden Personengruppen dieses Phänomen? Schreiben Sie jeweils zwei oder drei Sätze.

- 171 -

Kinder: _____
_____
_____

Erwachsene: _____
_____
_____

Autofahrer: _____
_____
_____

Ausländer: _____
_____
_____

3. **Szene 3**

   a. Szene 2 besprach deutsche Autofahrer. Diese Szene
      befaßt sich mit _____.

   b. Woher kommen sie? _____
      _____

   c. Was vermissen sie? _____
      _____

   d. Sie sehen die Deutschen und ihr Land als _____

      oder vielleicht als _____, oder
      möglicherweise sogar als beides. Auf jeden Fall

      leiden sie wie die Deutschen an _____.

4. **Szene 4**

   Auch Böll glaubt, daß es in der heutigen Zeit gute
   Gründe gibt, besorgt zu sein. In seiner Heimat findet
   er aber einen ruhenden Punkt, der ihn gelassen sein

läßt. Erklären Sie schriftlich mit etwa fünf Sätzen, indem Sie folgende Wörter verwenden:
gelassen sein können, heutige Situation, sich fremd fühlen, Kontaktarmut, zurückkehren, Natur, Geschichte, permanent, Heimat, Rhein.

_____
_____
_____
_____
_____
_____

Fahren Sie auch ohne Rauch?

Links und rechts der Bahngleise ist die Welt noch in Ordnung. Weil die Bahn besonders umweltfreundlich ist: sie fährt mit Strom. Ohne Rauch, mit „Saft" aus heimischer Wasserkraft. Eine saubere Sache, die Bahn.

Unsere Bahn.

ZUM LESEVERSTÄNDNIS 1: AUS LIEDERN LERNEN

A. Globales Verstehen: Beantworten Sie die folgenden Fragen
1. Inwiefern sind die heutigen Schlager anders als in früheren Jahren? Schreiben Sie Kontraste in die beiden Spalten:

früher   **heute**

2. Wofür sind die heutigen Schlager also ein besonders gutes Barometer?

_____
_____
_____
_____

3. Was sagt uns dieses Barometer über die heutigen Deutschen? Schreiben Sie mindestens 6 Sätze aus Ihrem Gedächtnis.

_____
_____
_____
_____
_____

B. Detailverstehen
Wir haben eine Liste von Ihnen vielleicht unbekannten Wörtern aufgeschrieben. Versuchen Sie mit Hilfe des Kontexts, oder mit Hilfe der Komposition des Wortes, eine sinnvolle englische Bedeutung danebenzuschreiben. Wenn nötig, schauen Sie im Wörterbuch nach.

BEISPIEL: schöpfen *popular songs are an interesting source from which one can X information about the country:* **draw, gain**

Engstirnigkeit: eng + stirn + ig + keit *(narrow + noun + adjective and noun suffixes) plus context: narrowmindedness*

1. anspruchsvoll

2. Beweis

3. anschaulich

4. bedrücken

5. Heuchelei

6. wittern

7. verlockend

8. Überzeugung

9. veranlassen

C. Im folgenden ist ein Schlagertext abgedruckt.

VOKABELHILFE:

weinen	= *weep*
schweigen	= *be silent*
stumm sein	= nicht sprechen können

Heute entschlief nach langem, geduldig ertragenem Leiden mein geliebter Sohn, unser aller Bruder und guter Freund

der deutsche Wald

in der Blüte seiner Jahre.

Wir danken für die vielen Beweise der Freundschaft und Verbundenheit, die Kranz- und Blumenspenden sowie alle teilnehmenden Worte.
Sie sind uns in der Leere Trost.

In tiefer Trauer nehmen Abschied

seine Mutter, die Natur
seine Schwester, die Wiese
seine Freunde, die Tiere
seine Gefährten, die Menschen

Die Beerdigung hat in aller Stille stattgefunden.

WENN DIE BLUMEN WEINEN KÖNNTEN   Musik: Ralph SIEGEL
                                          Text : Bernd MEINUNGER/
                                          Robert JUNG

WO SIND DIE BLUMEN
SORGLOSE KINDER PFLÜCKTEN SIE
WO SIND DIE BLUMEN
STRASSEN UND HÄUSER ERDRÜCKTEN SIE
WO SIND DIE BLUMEN
WER NAHM DEM SOMMER DIE FARBENPRACHT
BLUMEN SIND HILFLOS UND STUMM
NIEMAND GIBT ACHT....

WENN DIE BLUMEN WEINEN KÖNNTEN
WEINEN SO WIE ICH
DANN HÄTTEN ALL DIE
BUNTEN BLUMEN
TRÄNEN IM GESICHT
WENN DIE BLUMEN REDEN KÖNNTEN
SIE WÜRDEN HILFE SCHREIN
WIE WIRD DIE ERDE OHNE BLUMEN SEIN ?

WO SIND DIE WÄLDER
IN ALL DEN JAHREN SCHWIEGEN SIE
WO SIND DIE WÄLDER
ACHTLOSE MENSCHEN BESIEGTEN SIE
WO SIND DIE WÄLDER
WER HAT DER HOFFNUNG DAS GRÜN ZERSTÖRT
WÄLDER SIE STERBEN GANZ STILL
WEIL NIEMAND SIE HÖRT

WENN DIE WÄLDER WEINEN KÖNNTEN
WEINEN SO WIE ICH
DANN HÄTTEN ALL DIE
STOLZEN BÄUME
TRÄNEN IM GESICHT
WENN DIE WÄLDER REDEN KÖNNTEN
SIE WÜRDEN HILFE SCHREIN
WIE WIRD DIE ERDE OHNE WÄLDER SEIN ?

UND UNSRE LIEBE WIE WIRD SIE MORGEN SEIN
WENN WIR DAS SCHWEIGEN NICHT VERSTEHN
MANCHMAL DA FÜHL ICH MICH GRENZENLOS ALLEIN
UND DENK MIR WIE SOLLS WEITERGEHN...

WENN ICH MANCHMAL WEINEN KÖNNTE
NUR DASS DU VERSTEHST
DASS DU SO VIELE
MEINER SORGEN
EINFACH ÜBERSIEHST
WENN WIR ALLE SAGEN KÖNNTEN
WAS UNS WICHTIG SCHEINT
DANN WÜRD DIE WELT NIE OHNE LIEBE SEIN

(c)   1983 by Edition Daromella Ralph Siegel KG

ZUM LESEVERSTÄNDNIS 2 (optional)

A. Achten Sie bitte beim Lesen auf die Einteilung des Textes in Paragraphen. Diese formen die primäre Ordnungsstruktur für die Argumente des Autors.

B. Unterstreichen Sie die wichtigsten dieser Argumente. Sie helfen Ihnen am Ende, das Diagramm zu Ende auszufüllen.

Ein altes Wort mit neuer Zukunft?

HEIMAT ist ein altes Wort. Vor tausend Jahren meinte 'heimouti' soviel wie Zugehörigkeit, Geborgenheit, Vertrauen im Kreis einer Großfamilie. Das Wort „Heirat" ist damit verwandt, sagen die Sprachforscher. Auf jeden Fall aber unser „Heim".

Tatsächlich ist Heimat ein so deutsches Wort, daß es in anderen europäischen Sprachen dafür keine Entsprechung gibt. Sie haben kein Wort, das die Fülle der Empfindungen ausdrückt, die einen Menschen an einen Ort, eine Landschaft, eine menschliche Gemeinschaft binden können. Heimat meint ursprünglich die vertraute kleine Welt des Dorfes. „Die Welt der Heimat", schreibt Herders Staatslexikon von 1959, „ist notwendig klein, weil sie nur dann bis in den letzten Winkel als gut und böse erfahren werden kann ... Deshalb ist z.B. der Schwarzwald keine Heimat, das können nur Täler dieses Gebirges sein, etwa das Glottertal."

Über Heimat denkt man nicht nach - man empfindet sie, hieß es. Vielleicht konnte deshalb der Begriff so fürchterlich mißbraucht werden. Er paßte gut in das Blut-und-Boden Wörterbuch der Nazis. Das Vaterland forderte Dienst, Opfer, Hingebung - im Dienste und zum Schutz der Heimat. Als der Krieg erst einmal da war, kämpften selbst die deutschen Soldaten „für die Heimat", die Hitlers Regime und seine Ziele ablehnten.

Dabei hatte die Betonung der „Heimat" die Nazis nicht davon abgehalten, Millionen von Menschen ihre Heimat wegzunehmen. Mit den politisch Andersdenkenden, die aus Deutschland fliehen mußten, fing es an. Die Ermordung von Millionen Juden und die militärische Besetzung anderer Länder war schließlich der Anfang dafür, daß Millionen Deutscher ihre Heimat verlassen mußten.

Durch die Verbindung mit Fremdenhaß, Aggression und Rassismus schien das Wort Heimat völlig am Ende zu sein, ohne Sinn, ein Schlagwort der Immergestrigen. In der Wirstschaftswunder-Bundesrepublik wurde „Heimat" auf einmal zum Synonym für Enge und Provinzialität. Die Ideale hießen Weltoffenheit und Mobilität, -für Handelsleute, Künstler und

Intellektuelle. Wo er den bestbezahlten Job bekommt, ist der Techniker zu Hause. McDonald's und das gewohnte Fernsehprogramm findet er überall, und die 4-Zimmer-Neubauwohnungen sind auch überall gleich.

Entgegen allen Erwartungen ist heute das totgesagte Wort wieder da. Heimatgefühle sind wieder erlaubt. Vor allem junge Leute sorgen sich in einer Zeit der Zerstörung der Umwelt und der Grenzen des technischen und wirtschaftlichen Fortschritts, in einer Zeit der immer unübersichtlicher werdenden politischen Prozesse wieder mehr um ihre engere Lebenswelt. Manches in dieser neuen „Heimatbewegung", was mit Dialekt verbunden ist, mag Nostalgie sein. Das Streben, den Begriff „Heimat" mit neuen Inhalten zu füllen, die auf die Zukunft gerichtet sind, ist aber ebenso klar erkennbar.
(Gekürzt und leicht geändert aus PZ)

C. Vervollständigen Sie jetzt das Diagramm, das die Progression der wichtigsten Gedanken klarer werden läßt, ähnlich wie das schon im Basistext gemacht worden war.

Heimat - ein altes Wort mit neuer Zukunft?

Das Wort Heimat
-
-

↓

Unser Verhalten zur Heimat

↓

Ausnutzung dieser Tendenz und ihre direkten Folgen
-
-
-

↓

Resultat

↓

Neueste Entwicklung

ZUM HÖRVERSTÄNDNIS 1: HEIMAT UND KEINE

Heinrich Böll: Meine Heimat, Herkunft, Umgebung wird mir immer fremder, und ich möchte das völlig unpolitisch verstanden sehen. Es hängt wahrscheinlich mit dem Alter zusammen, mit der Veränderung der Umgebung. Dieses Köln, in dem ich immer noch wohne, ist eigentlich schon ein viertes, fünftes Köln, in dem ich noch ein paar Erkennungszeichen sehe. Aber meine Erinnerung daran, an sagen wir die Straßen meiner Kindheit ... der Teutoburgerstraße, wo ich geboren bin und Karolingerring, Ubierring, dieses Südstadtviertel, wird immer kälter. Wenn ich zufällig dorthin gerate, empfinde ich fast gar nichts. Das macht mich natürlich nachdenklich dem ganzen Begriff Heimat gegenüber.

Sprecher: Menschen sind wohl nur da halbwegs zu Hause, wo sie Wohnung und Arbeit finden, Freunde und Nachbarn gewinnen. Die Geschichte des Ortes, an dem einer wohnt, ist gegeben, die Geschichte der Person ergibt sich aus unzähligen Einzelheiten und Erlebnissen, die unbeschreiblich und unwiederbringlich sind.

Es gibt zwei Köln, die in diesem Sinne "heimatlich" waren: das Vorkriegsköln zwischen Raderthal und Chlodwigplatz, zwischen Vorgebirgsstraße und Rhein, dazu noch die Südbrücke und die Poller Wiesen; das zweite Köln, das in diesem Sinn "heimatlich" war, war schon ein anderes, das zerstörte Köln, in das wir 1945 zurückgezogen. Diese beiden Köln sind Gegenstand der Erinnerung - und der Sentimentalität natürlich.

G. Jourdain (Interviewer): Gut, aber das wäre zunächst mal Heimat im engeren Sinne.

Heinrich Böll: Ja ...

G. Jourdain: Kommen wir doch mal auf Herkunft, Umgebung zurück. In einem, sagen wir mal, kulturellen und kulturpolitischen Sinne.

Heinrich Böll: Ja ...

G. Jourdain: Wie stehen Sie dazu, was haben Sie heute dabei für Assoziationen?

Heinrich Böll: Da wird meine Bindung immer stärker. Also, sagen wir, Heimat im physisch-physikalischen Sinne ist mir nicht mehr so interessant, bewegt mich auch nicht mehr, aber, sagen wir z.B., die Erinnerung an die Kölner Museen. Meine Dankbarkeit gegenüber denen, die sie gegründet, die sie verwaltet, die sie ergänzt haben, wird immer stärker. Und auch an die noch verbliebene alte Kölner Architektur: Romanik. Köln ist ja mehr eine romanische Stadt, gar keine gotische so sehr gewesen ... Eigentlich ist es eine romanische Stadt. Das wird stärker. Und was spirituell daran ist, also Eindrücke im Museum, beim Gang durch die Kirchen - bin ich mit meinem Vater gegangen und ist mir vieles erklärt worden - das wird immer stärker. Ja, das, sagen wir, Spirituelle, dieses kulturgeschichtlich fast etwas Niederländische, das die Stadt immer gehabt hat, nicht in ihrer Architektur, aber in ihrem Lebensstil, Gefühl so ein bißchen proletarisch, vulgär ...

ZUM HÖRVERSTÄNDNIS 2: HÜLCHRATHER STRAßE NUMMER 7

Sprecher: Ständig da und jeden Augenblick vergangen, Deutschlands Strom; wenige Kilometer nördlich von hier tritt er in sein schmutzigstes, giftigstes Stadium - was nützt da die Aufzählung von Geschichte, auf die man so stolz ist, die man in jedem Kubikmeter aufgewühlter Erde hier findet: vorrömische, römische, fränkische, merowingische Scherben und Steine? Hier - das weiß jedes Kind - wird viel Geld verdient, das anderswo verachtet und doch gern genommen wird. Merkwürdig, daß in diesem Land, in dieser Stadt am Rhein die Geschichtslast den Fortschritt nicht verhindert, eher fördert. Wo die ältesten Kirchen stehen, werden die modernsten gebaut, wo die älteste Brücke über den Rhein führte, wurde die modernste gebaut.

Man nennt solche Wohngegenden, wo die Hunde mehr Freiheit haben als die Kinder, Ballungszentren. Das ist ein hübsches Wort. Hier ballt sich auch der unerbittliche Müll, den man neuerdings Konsummüll nennt; weh dem, der nicht weiß, wann die Müllabfuhr kommt: am Montag, und wenn der Montag ein Feiertag ist, kann's Mittwoch oder Donnerstag werden, weil der Stufenplan geändert werden muß. Natürlich sind auch die Mülleimer die ständigen Spielkameraden der Kinder; sie stehen dort, wo noch ein bißchen Raum für spielende Kinder geblieben ist; in den Hauseingängen, offen, oder schamhaft bedeckt, und natürlich sind die Müllmänner die sehnlichst erwarteten Befreier. Sonntags abends setzt der Run auf die Mülleimer ein, werden rasch noch Papiersäcke gefüllt, nach unten gebracht, bevor der

Müllwagen kommt, der prompt die unvermeidliche
Verkehrsstauung verursacht, er ist breit genug, die
Einbahnstraße zu blockieren, Rechts- und Linksabbiegern
Ungeduld zu verursachen, die Straßenkreuzung zu
verstopfen und wenn dann noch, was gelegentlich
vorkommt, in der Nachbarschaft ein Lieferwagen die
Einbahnstraße verstopft, setzt das fröhliche wie
sinnlose Hupen ein. Auf diese Weise kann man - von oben
herab - die Absurditäten beobachten und - wenn man nach
unten herabsteigt - die gesteigerte Vergiftung der
Atemluft feststellen, in der um diese Zeit die
nichtschulpflichtigen Kinder spielen. Sie sitzen mit
ihren Puppen, Autos und Pistolen zwischen den Containern
für Wohlstandsmüll, der von fröhlichen Ausländern
abgeholt wird.

Die abendlichen Spaziergänger sind meistens ausländische
Arbeiter, allein, mit Frauen und Kindern -
wahrscheinlich, um wenigstens für eine Stunde oder zwei
den engen Wohnungen zu entfliehen; um's Geld für einen
Kaffee zu sparen, spazieren sie, sauber gewaschen, mit
ihren ernsten Bauerngesichtern unter dem Himmel von
Nifelheim daher, fremd sich fühlend - so fern von
Portugals oder Marokkos Himmel, so weit entfernt von den
Männercafés, in denen man Domino oder Billard spielen
kann. Sie kommen meistens aus den Hinterhäusern der
Nachbarstraßen, wo sie zu Hunderten wohnen und sich
erstaunt in diesem Land umsehen, von dem sie lange nicht
wissen werden, ob es nun unfreundlich oder nur so sehr
fremd ist; ob die Fremdheit Unfreundlichkeit vortäuscht
oder die Unfreundlichkeit nur eine Erscheinungsform der
Fremdheit ist. Die Stadt ist nicht fremdenfeindlicher
und nicht fremdenfreundlicher als andere, und die
sogenannte Kontaktarmut betrifft nicht nur die Fremden,
auch die eigenen Landsleute.

Heinrich Böll: Nein, nein, ich kann nicht gelassen sein.
Nein, obwohl es manchmal so aussehen mag, nicht? Ich
finde sie wieder, manchmal, wenn ich am Rhein spazieren
gehe. Oder am Rhein sitze. Und der Rhein ist
eigentlich das Bestimmende für Heimat, Herkunft,
Herkommen. Und so ein großer Fluß, ein breiter Fluß hat
ja etwas Gelassenes, nicht. Das Bild vom fließenden
Wasser, das sich permanent erneuert. Auch wenn er
heutzutage sehr schmutzig ist, man kann ja schmutzig und
gelassen sein, und ich möchte das betonen, daß der Rhein
das wichtigste Element ist, landschaftlich. Das
Architektonische usw. habe ich schon erklärt, und dann
finde ich doch ein bißchen Gelassenheit, wenn ich in

Ruhe am Rhein spazieren gehen kann oder da sitze. Aber angesichts der Zeitabläufe, unabhängig von Köln, unabhängig von Deutschland oder der Bundesrepublik, kann man, glaube ich, nicht gelassen sein.

ZUSAMMENFASSUNG DER VOKABELN -- KAPITEL 8

der Abfall, -"e	refuse, waste
das Abgas, -e	exhaust gas
ab.schaffen etwas schaffte, geschafft	to abolish, eliminate sth.
das Abwasser, -"	waste water, sewage
auf.führen etwas die Aufführung, -en	to perform, stage sth. performance, staging

begreifen jdn/etwas
   begriff, begriffen
der Begriff, -e
	to grasp, understand
	   sb./sth.
	concept

beschädigen etwas	to damage sth.
bewußt unbewußt bewußtlos das Bewußtsein	conscious, intentional unintentional unconscious consciousness, awareness
die Beziehung, -en	relationship, relation
dankbar sein jdm für	to be grateful to sb. for sth.
echt	genuine
der Einfluß, -"sse	influence
ein.stellen sich$_a$ auf	to adjust to
empfinden etwas empfand, empfunden empfindlich die Empfindung, -en	to feel, sense sth. sensitive feeling, sensation
entstehen entstand, ist entstanden	to develop, come into being

ernähren jdn/etwas	to nourish, feed sb./sth.
die Ernährung	nutrition, food
fliehen	to flee
floh, ist geflohen	
die Flucht	flight, escape
der Flüchtling, -e	refugee
der Fortschritt, -e	progress
fühlen etwas	to feel sth.
fühlen sich$_a$ (gut, schlecht)	to feel (good/bad)
fühlbar	tangible, perceptible
das Gefühl, -e	feeling
die Gefahr, -en	danger
gelassen sein	to be calm, composed
die Gelassenheit	composure, equanimity
gewollt	intentional
das Gift, -e	poison
giftig	poisonous
der Grund, -"e	reason
das Heim, -e	home
daheim	at home
die Heimat	home, homeland
heimatlos	homeless
heimisch	comfortable, at ease
her.kommen von	to originate, hail from
die Herkunft	origin
die Kernkraft	nuclear power
das Kraftwerk, -e	power station
leiden an$_d$	to suffer from
litten, gelitten	
leiden unter$_d$	to be negatively affected by
das Leid, -en	sorrow, pain
die Leidenschaft, -en	passion
leidenschaftlich	passionately
das Mitleid	compassion
der Müll	refuse, waste

das Nahrungsmittel, -	*food*
nützen jdm/etwas	*to benefit sb./sth.*
der Nutzen	*benefit*
nützlich	*beneficial, useful*
die Quelle, -n	*source, origin*
reinigen jdn/etwas	*to clean, purify sb./sth.*
schaden jdm/etwas	*to harm sb./sth.*
der Schaden, -"	*harm, damage*
schädlich	*harmful*
schätzen jdn/etwas	*to value, estimate*
unterschätzen	*underestimate*
überschätzen	*overestimate*
schmutzig	*dirty*
schützen vor jdm/etwas	*to protect from sb./sth.*
der Schutz	*protection*
stolz sein auf jdn/etwas	*to be proud of sb./sth.*
der Stolz	*pride*
der Umweltschutz	*environmental protection*
die Ursache, -n	*cause*
der Ursprung, -"e	*origin, beginning*
vergiften jdn/etwas	*to poison sb./sth.*
verschmutzen etwas	*to make dirty, pollute sth.*
die Verschmutzung	*pollution*
verschwinden **verschwand, ist verschwunden**	*to disappear, vanish*
verursachen etwas	*to cause sth.*
wehren sich$_a$ gegen	*to protest, fight against*
der Wert, -e	*value*
zu kurz kommen	*to be neglected, get the short end of things*

KUNST·FESTIVAL
■ HAPPENING ■

9

ZUM HÖRVERSTÄNDNIS 1: „FOLK IN DEN BERGEN" - Teil 1

A. Beantworten Sie jede der Fragen unten mit mehreren Sätzen.

   1. Was bedeutet für einen Deutschen Folkmusik? Behandeln Sie zumindest die Punkte Herkunft, Themen, Beziehung zur Welt der Erwachsenen.

   _____
   _____
   _____
   _____

   2. Welche Erwartungen verbinden die Besucher mit Folk-Festivals?

   _____
   _____
   _____
   _____

   3. Wie fühlen sich die Interpreten, spezifisch der Musiker aus der Tanzteufel-Gruppe? Was wollen sie erreichen?

   _____
   _____
   _____
   _____

ZUM SELBSTSTUDIUM

A. Suchen Sie aus den Vokabellisten der Kapitel 1 - 9 Verben mit separablen Verbteilen heraus. Ordnen Sie nach Verbgruppen: ab + ..., an + ..., auf + ..., usw.

ab-: _____

an-: _____

auf-: _____

aus-: _____

bei-: _____
ein-: _____

mit-: _____

über-: _____

um-: _____
unter-: _____
vor-: _____
zu-: _____

B. Nennen Sie zu den Verben in Übung A. Nomina.

   BEISPIEL: ausstellen   **die Ausstellung**

   _____
   _____
   _____
   _____
   _____
   _____

C. Suchen Sie aus Kapitel 1 - 9 Verben mit inseparablem Verbteil heraus. Ordnen Sie wieder nach Vorsilbe.

   be-: _____
   _____
   _____
   _____

   emp-: _____

   ent-: _____
   _____

   er-: _____
   _____
   _____
   _____

   ver-: _____
   _____
   _____
   _____

D. Kennen Sie verwandte Adjektive zu den Verben in C. oben. Schreiben Sie mindestens 10 nieder.

_____

_____

_____

_____

E. Jetzt können Sie Ihre eigenen Mini-Vokabelmosaiken zusammenstellen.

1. Stellen Sie mit mindestens zehn wichtigen Verben solche Mosaiken zusammen, z. B. bringen, gehen, geben, halten, kommen, nehmen, sprechen, stellen, stehen, ziehen.

   BEISPIEL:

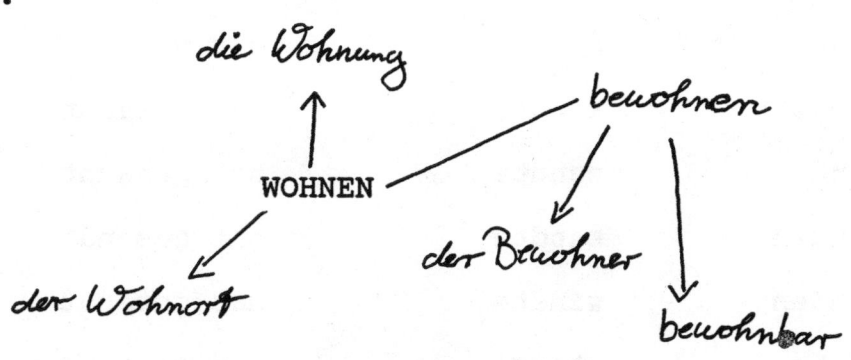

   WOHNEN → die Wohnung, bewohnen, der Bewohner, bewohnbar, der Wohnort

2. Vergleichen Sie dann Ihre Mosaiken mit denen von Klassenkollegen.

F. Lesen Sie nun irgendeinen Text aus früheren Kapiteln und konzentrieren Sie sich auf Verbstrukturen. Unterstreichen Sie alle Verben, einfache und komplexe, und überprüfen Sie, wo die einzelnen Verbteile stehen.

G. Lesen Sie, sprechen Sie laut, und schreiben Sie diese starken und unregelmäßigen deutschen Verben.

Gruppe 7

e/e:	a	a	
brennen	brannte	hat gebrannt	to burn
bringen	brachte	hat gebracht	to bring
denken	dachte	hat gedacht	to think
kennen	kannte	hat gekannt	to know
nennen	nannte	hat genannt	to name
senden	sandte	hat gesandt	to send
wenden	wandte	hat gewandt	to turn
stehen	stand	hat gestanden	to stand

<u>Individualisten!!</u>

dürfen (darf)	durfte	hat gedurft	be permitted
gehen	ging	ist gegangen	to go
haben (hat)	hatte	hat gehabt	to have
heben	hob	hat gehoben	to lift
heißen (heißt)	hieß	hat geheißen	to be called
kommen	kam	ist gekommen	to come
können (kann)	konnte	hat gekonnt	to be able

mögen (mag)	mochte	hat gemocht	*to like*
rufen	rief	hat gerufen	*to call*
schmelzen schmilzt	schmolz	hat/ist geschmolzen	*to melt*
stoßen (stößt)	stieß	hat gestoßen	*to push*
tun	tat	hat getan	*to do*
wissen (weiß)	wußte	hat gewußt	*to know*

HÖRVERSTÄNDNISTEXT: "FOLK IN DEN BERGEN" - Teil 2

A. Beenden Sie die Sätze sinnvoll nach dem gehörten Text.

1. Obwohl viele Gruppen Amateure sind, stehen andere irgendwie an der Grenze und sind Halb-Profis. Das heißt, sie sind _____

    _____

2. Die Musiker dieser Gruppe haben unter anderem folgende freie Tätigkeiten:

    _____

    _____

3. Diese ermöglichen es ihnen, _____

    _____

4. Begonnen haben sie mit _____

    _____

5. Jetzt aber schreiben sie nicht nur _____

    _____, sondern sie _____

    _____

6. Dabei ist ihnen wichtig zu zeigen, daß _____
   _____

7. Bei Folk-Festivals spielt man aber nicht nur Musik.
   Es gibt auch _____
   _____

B. Oft haben Massenveranstaltungen Schwierigkeiten bei den Bewohnern der Umgebung. Wie sieht das bei "Folk in den Bergen" aus?
   _____
   _____

C. Kennen Sie auch Folk-Festivals? Nennen Sie einige Unterschiede zu dem auf der Kassette beschriebenen.
   _____
   _____

ZUM LESEVERSTÄNDNIS 1

FESTSPIELE GIBT'S NICHT NUR IN SALZBURG

A. Ordnen Sie die wichtigsten Informationen über die Festspielszene in Österreich in die Kategorien der Tabelle ein.

	Ort	Zeit	Was?	Besondere Attraktion
Vorarlberg				
Tirol				
Steiermark				
Kärnten				
Ober-österreich				
Nieder-österreich				
Wien				

2. Diesen Sommer wollen Sie in Österreich verschiedene kulturelle Ereignisse erleben. Sie haben drei Wochen Urlaub, den Sie irgendwann zwischen dem 1. Juni und dem 15. September nehmen müssen. Für welche drei Wochen entscheiden Sie sich, und welche Ereignisse wollen Sie mitmachen? Notieren Sie kurz die Reihenfolge.

   1. Urlaubszeit:

   2. Aktivitäten:

HÖRVERSTÄNDNIS 3

INTERVIEW MIT EINEM JUNGEN KÜNSTLER

A. Globales Verstehen: Beantworten Sie die folgenden Fragen während des Hörens.

   1. Wo soll die Plastik stehen, die die Stadt Köln von dem Bildhauer gekauft hat?

   2. Wodurch unterscheidet sich die Ausstellung in Köln von anderen Ausstellungen Österlohs?

   3. Was ist das Neue an den Arbeiten Österlohs seit zwei Jahren?

   4. Womit möchte er in Zukunft bei der Herstellung neuer Plastiken experimentieren?

   5. Warum hat er sich von der „Gruppe 70" getrennt?

B. Detailverstehen: Beenden Sie die Sätze sinnvoll nach dem Interview.

Der Auftrag der Stadt Köln zeigt, daß _____ _____ Anklang gefunden haben. Seine Ausstellung ist glänzend _____, und deshalb _____ worden. Obwohl er früher Schüler von Henry Moore war, hat er _____ von dessen Arbeitsweise _____.

Er arbeitet nicht mit edlem Material, sondern mit _____ _____, die er in _____ _____ _____.

Damit bekommen sie _____ _____ _____.

Interessant ist, daß er glaubt, daß_____ _____ nicht im Bereich eines Künstlers liegt, obwohl er schon politisch aktiv sein kann.

ZUSAMMENFASSUNG DER VOKABELN -- KAPITEL 9

absichtlich	*intentional*
aktuell	*up to date*
an.erkennen jdn/etwas	*to recognize sb./sth.*
die Anerkennung, -en	*recognition*
angewiesen sein auf jdn/etwas	*to be dependent on sb./sth.*
animieren jdn zu	*to entice sb. into*
animieren jdn, etwas zu tun	*to entice sb. into doing sth.*
an.locken jdn/etwas	*to attract*
auf.treten tritt, ist getreten	*to appear (in a performance)*
der Auftritt, -e	*appearance*
aus.wählen jdn/etwas	*to select, choose*

die Auswahl	selection, choice
aus.zeichnen jdn/etwas	to give an award to sb./sth.
die Auszeichnung, -en	award
beeinflussen jdn/etwas	to influence sb./sth.
der Einfluß, -"sse	influence
einflußreich	influential
bekennen etwas	to confess sth.
bekannte, bekannt	
das Bekenntnis, -se	confession
bekennen sich$_a$ zu	to acknowledge sth., show one's indebtedness to
das Besteck, -e	silver ware
bestehen aus	to consist of
bestand, bestanden	
beziehen sich$_a$ auf	to refer to, relate to
bezog, bezogen	
der Bezug, -"e	relationship, reference
der Bildhauer, -	sculptor
das Brauchtum	tradition, customs
entfremden sich$_a$	to become alienated,
die Entfremdung	alienation
entwerfen etwas	to design sth.
entwirft, entwarf, entworfen	
der Entwurf, -"e	design, sketch
ereignen sich$_a$	to take place, occur
das Ereignis, -se	occurrence, event
erlauben jdm etwas	to permit sb. sth.
der Forscher, -	researcher
die Forschung, -en	research
das Gemälde, -	painting
das Gold	gold
die Hauptrolle, -n	lead role
das Holz, -"er	wood

der Künstler, -	artist
die Kunstrichtung, -en	artistic genre, school
die Kunstsammlung, -en	art collection
der Kunststoff, -e	plastic
das Kunstwerk, -e	work of art
die Legende, -n	legend
die Leistung, -en	achievement
das Metall, -e	metal
der Schauspieler, -	actor
die Schauspielerin, -nen	actress
das Silber	silver
die Skulptur, -en	sculpture
die Steuer, -n	tax
die Stiftung, -en	foundation, grant
subventionieren etwas	to support sth. financially
die Subvention, -en	financial support
überliefern etwas	to hand down, pass on sth.
die Überlieferung, -en	tradition
die Unkosten (pl.)	costs
Unkosten decken	to cover costs
unterstützen jdn/etwas	to support sb./sth.
die Unterstützung, -en	support
vergleichen jdn/etwas mit verglich, verglichen	to compare sb./sth. with
der Vergleich, -e	comparison
vor.führen etwas	to present, stage sth.
die Vorführung, -en	staging
der Wert, -e	value
Wert legen auf jdn/etwas	to value sb./sth.
der Winkel, -	angle, corner
der Zweck, -e	purpose

PERSPEKTIVEN

10

ZUM HÖRVERSTÄNDNIS: TYPISCH DEUTSCH

A. Hören Sie sich bitte die zwei Texte an, und schreiben Sie die charakteristischen Eigenschaften auf, die zur Beschreibung des „typischen" Deutschen gebraucht werden. Ordnen Sie diese in positive und negative Merkmale.

Positive Merkmale:

Negative Merkmale:

B. Stimmen Sie mit dem Ausspruch überein: „Alle Menschen sind im Grunde gleich, die Unterschiede sind nur oberflächlich (*superficial*)"? Schreiben Sie einen Paragraphen dazu.

_____

_____

_____

_____

_____

_____

_____

_____

Wichtige Verben aus Kapitel 6 - 10

A. Setzen Sie die fehlenden Formen und englische Übersetzungen ein (zuerst mündlich, dann schriftlich).

Infinitiv	Präteritum	Partizip Perfekt	Englisch
1. abschaffen	_____	_____	_____
2. _____	trat auf	_____	_____
3. begreifen	_____	_____	_____
4. bekennen sich	_____	_____	_____
5. _____	_____	_____	consist of
6. beziehen sich auf	_____	_____	_____
7. _____	trat bei	_____	_____
8. _____	bot	_____	_____
9. _____	_____	hat empfunden	_____
10. entstehen	_____	_____	_____
11. _____	entwarf	_____	_____
12. _____	floh	_____	_____
13. _____	_____	hat genossen	_____
14. _____	litt	_____	_____
15. _____	_____	ist gestiegen	_____
16. schließen	_____	_____	_____
17. vergleichen	_____	_____	_____
18. _____	_____	hat vermieden	_____
19. _____	_____	_____	disappear
20. zugeben	_____	_____	_____

- 201 -

B. Markieren Sie die Verben, die für Sie schwierig sind, und wiederholen Sie diese öfter.

Zum Nachdenken - und Schreiben

Schreiben Sie zum Abschluß einen fiktiven persönlichen Brief, eine Art Besinnungsaufsatz (vgl. Kapitel 8), in dem Sie einem Freund oder einer Freundin erklären, was Sie als besondere Bedeutung des Erlernens einer Fremdsprache ansehen. Bedenken Sie dabei folgende Punkte:

- Finden Sie eine persönliche Einleitung zum Thema;
- Bleiben Sie bei Ihren eigenen persönlichen Erfahrungen;
- Stellen Sie Fragen, die Ihre Gedanken, und damit Ihren Brief, ordnen;
- Vermeiden Sie übertriebene (*exaggerated*) Aussagen;
- Geben Sie Ihre eigenen Vorstellungen und finden Sie Beispiele dafür;
- Kommen Sie zu Ergebnissen.

Credits and permissions

<u>Audio Materials</u>

Audio materials and exercises with permission by Inter Nationes, Bonn, and Werner Beile & Alice Beile, Iserlohn-Kalthof:
Selections from: W. Beile - Modelle 1
  Chapter 3 - HV2.
Selections from: A. Beile & W. Beile - Sprechintentionen - Modelle 4
  Chapter 1 - HV2. Chapter 2 - HV1, HV2. Chapter 3 - HV1
  Chapter 4 - HV1, HV2.
Selections from: A. Beile & W. Beile - Sprechsituationen aus dem Alltag, 2.Teil - Modelle 5
  Chapter 1 - HV3.
Selections from: A. Beile & W. Beile - Themen und Meinungen im Für und Wider - Modelle 6
  Chapter 1 - HV1. Chapter 3 - HV3, Chapter 10 - HV.

Audio materials with permission by Inter Nationes, Bonn:
Selections from: M. Forster & H. Bauer - Hörverständnisübungen für Fortgeschrittene
  Chapter 2 - HV3. Chapter 7 - HV1. Chapter 9 - HV3.
Deutscher Kulturspiegel, Juli 1983: Folk in den Bergen - selections (Chapter 9 - HV1, HV2)

Audio materials with permission by Rene Böll:
Heinrich Böll: Über mich selbst, (c) 1985 Lamuv Verlag, Bornheim (Chapter 8 - HV1, HV2)

Audio materials with permission by Berliner Werbefunk GmbH, Berlin: Heimstadt Berlin 1900-1945 (Chapter 6)

<u>Other Materials</u>

Chapter 1:   (questionnaire) reprinted by permission of Prof. Dr. Albert Silbermann, Köln; (city map) Reprinted by permission of Presse- & Werbeamt der Stadt Bonn.

Chapter 2:   *Wochenendschrecknisse* reprinted by permission of Gunter J. von Lonski, Oberursel.

Chapter 3:   *Berufliche Fähigkeiten* reprinted by permission of Medialog, Mannheim.

Chapter 4: *Ferienland-Musikland-Festland* reprinted by permission of Österreichische Fremdenverkehrswerbung, Wien; (Austria map) reprinted by permission of Freytag-Berndt u. Artaria Kg., Wien.

Chapter 5: *Fernsehen anderswo* reprinted by permission of Bundeszentrale für politische Bildung, Bonn.

Chapter 6: *Informationszentrum Berlin* reprinted by permission of Informationszentrum Berlin, Berlin.

Chapter 7: *Zur Person* reprinted by permission of Scala, Frankfurt am Main.

Chapter 8: *Aus Liedern lernen* reprinted by permission of Scala; *Wenn die Blumen weinen könnten* (c) 1983 Edition Daromella Ralph Siegel KG, München; *Heimat* reprinted by permission of Bundeszentrale f. pol. Bldg.